TO
MY DEAR
STUDENTS

窦桂梅：写给亲爱的同学

窦桂梅 ◎ 著

长江文艺出版社

序言　猜猜我有多爱你

猜猜我有多爱你。每年新生家长辅导的第一课，我都会讲《猜猜我有多爱你》，每当我让家长们角色体验，书中那大兔子和小兔子彼此爱的给予时，他们的脸上满含着温暖，眼含着泪花；在学生家长们第一次踏进自己儿女的小学的时候，他们的心里已经播种下了，微笑、欣赏、倾听与主动……

爱是简单的，如同书中大兔子和小兔子的故事；爱是主动的，要淋漓尽致地表达出来，如同书的题目"猜猜我有多爱你"，爱要如小兔子般热烈而简单，也要如大兔子般深沉而丰富。

未曾表达的爱，就是不存在。

爱要表达出来！哪怕是冬日递到环卫工人手里的一杯热水，哪怕是寒风中给予快递小哥的一句谢谢——要表达出那是低谷时朋友的注视,那是落寞时家人的陪伴,那是许许多多我们习以为常的细节中隐藏着的负重前行。

猜猜我有多爱你。从教三十多年的我啊,无论在教育教学上,还是在学校管理上,曾经有那么多人帮助过我,指导过我,成为我人生道路上的良师益友。这些爱与温暖成就了我,而我也想把这份爱传递出去,借自己的力量去成就更多的人。

最便捷的方式莫过于文字,于是我铺开信纸,提起了笔,给我心中的每一个孩子写下这些信,记录我这些年站在课堂上见到的孩子们的喜怒哀乐。我清楚地感受到,不管什么时代的孩子,有些困惑是一样的,有些梦想是一样的……

这样想着,信件的主题就慢慢流淌出来了,我絮絮叨叨地讲了很多往事,自己童年的故事、女儿的故事、榜样学生的故事和优秀教师的故事……从学习生活的各个方面谈起:由"童年的馈赠"到"读书是甜的",由"审美"到"志趣",由"学以为己"到"自觉公益",由"独立而自由"到"向着梦想出发"。亲爱的孩子,这些故事里或许会有你的影子。

猜猜我有多爱你。这些来自我内心的自言自语,来自孩子朋辈的故事，我期望能够对你有所启发。我知道，每一个人成长的道路是不一样的，选择是不一样的，对生活的种种理解和感受也是不一样的。在每一个孩子内心的沉思中，他都是在不停地对自己的提问中修正自己前行的道路，那些困惑、失落甚至是恐惧，在孩子生活中的某一个时刻可能会成为他无法越过的"障碍"，他迫切地想知道是否有人也在思考这些问题，也在受到这些问题的困扰。或许，问题没有完美的答案，但别人走过的路时常会带给我们一些美好的启示甚至是意想不到的答案，希望你能在这些故事里、细节中找到方向、找到勇气、找到未来。

猜猜我有多爱你。这可是我在繁忙的工作之余，在断断续续的时间的缝隙里，写下的真心话啊。此刻，我能想见灯光里的自己沉思的样子。这是我对自己说的，也是我对你说的。我期待，隔着年龄的"代沟"，我们却能在文字间相会，相互交流。我相信，努力培养自己的审美雅趣，建立开阔的视野和广博的胸怀，拥有不断自我学习的能力，这是我们共同的愿望，最终，我们将堂堂正正地站立在天地中间，成为一个大写的人。

"一个生命的成长,就像是一棵橡树矗立在四季中,每一场风雨,每一缕阳光,最终都会以年轮的方式,铭刻在他的记忆里。""一个孩子向最初的地方走去,那最初的,便成了孩子生命的一部分。"

猜猜我有多爱你。亲爱的同学伙伴,愿我的这些文字能成为你生命最初的一部分,陪伴你,启迪你,温暖你,希望你成长为"有理想、有本领、有担当"的时代新人,永远向真而行,向善而行,向美而行。

窦桂梅

2018 年 12 月 1 日

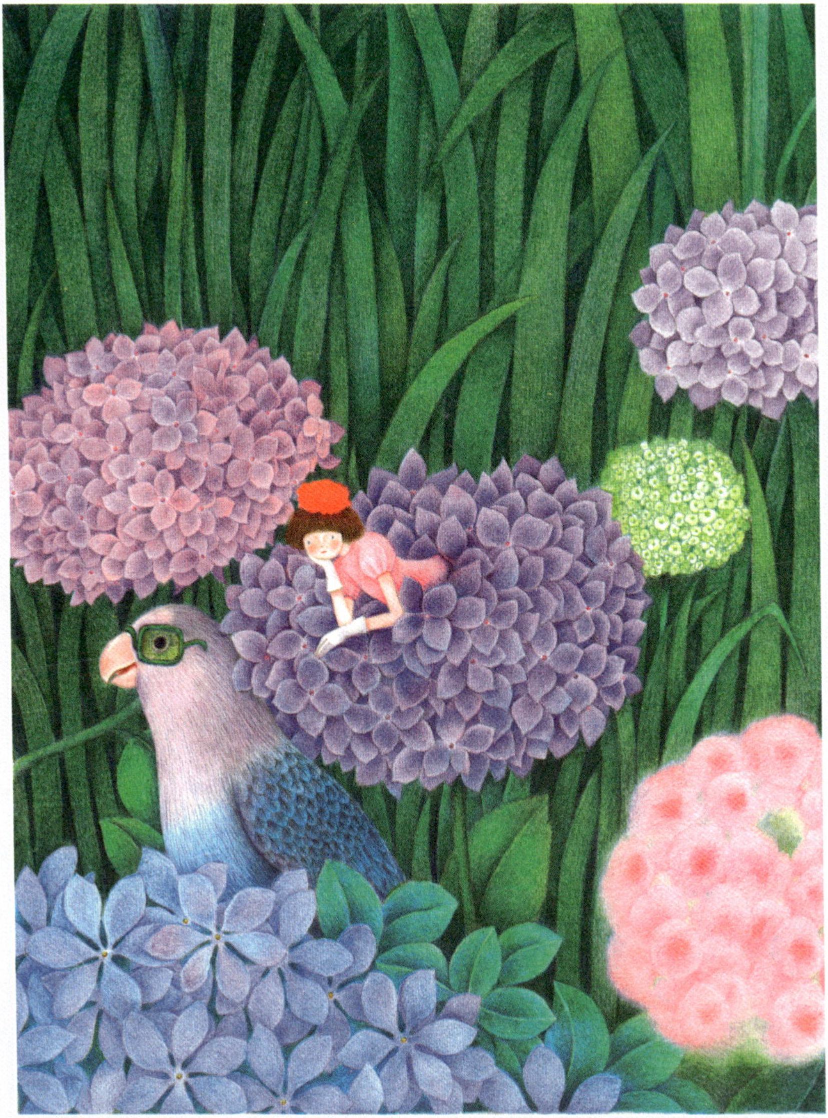

Contents
目录

1　第一封信——好奇
　　童年的馈赠

21　第二封信——志趣
　　"斜杠少年"成长记

39　第三封信——求索
　　成为你自己

57　第四封信——母语
　　亲近母语,做有根的中国人

77　第五封信——阅读
　　在阅读里安身,去靠近那些伟大的灵魂

97　第六封信——学习
　　学以为己——长成我们憧憬的模样

111　第七封信——审美
　　慢慢走，欣赏啊

129　第八封信——公益
　　生命需要给予的温度

145　第九封信——独立
　　孩子，独立是你最大的底气

161　第十封信——梦想
　　梦想"+"

176　附录一　清华附小推荐必读书目
186　附录二　家长的话

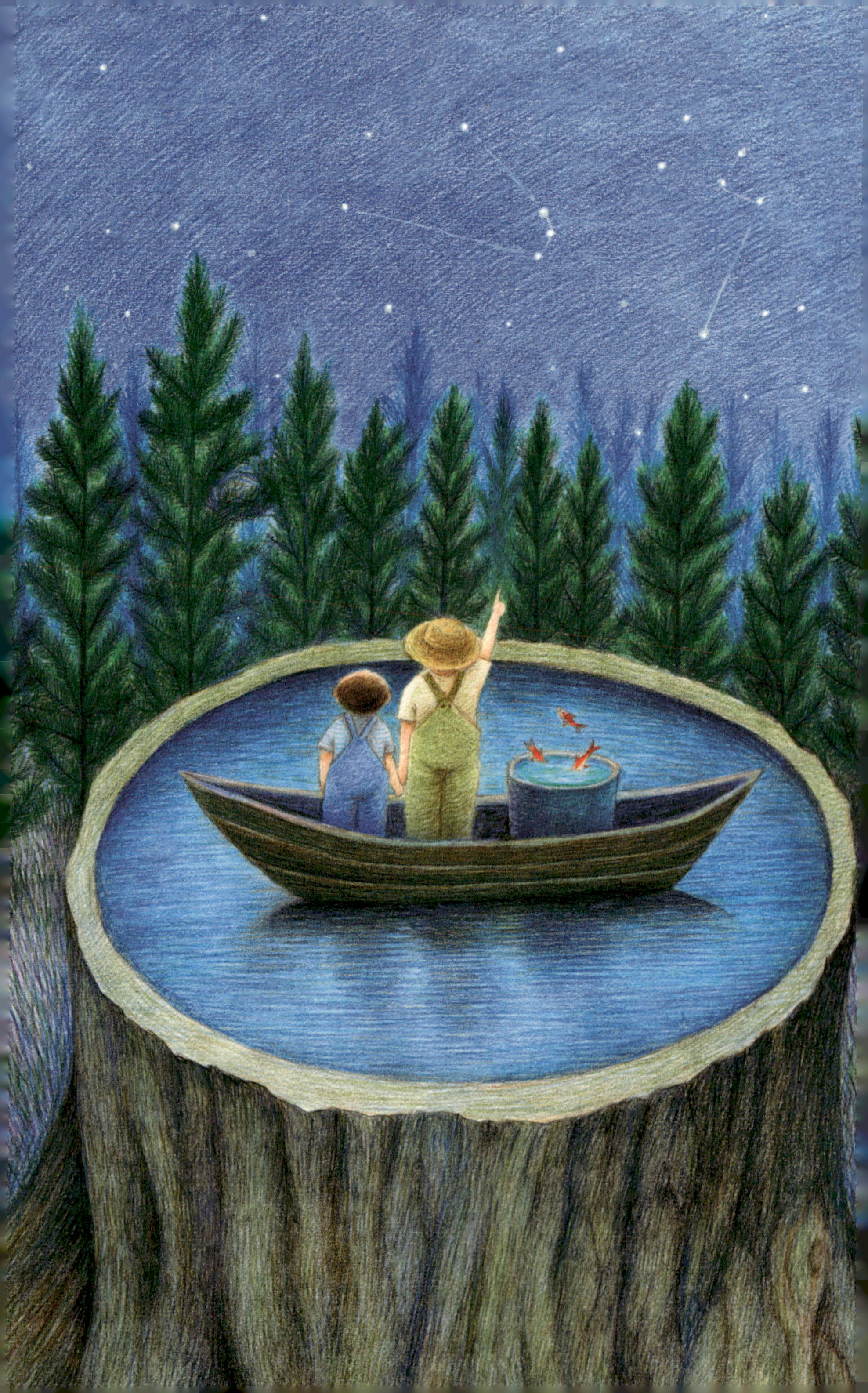

第一封信
The first letter

好奇

童年的馈赠

儿童是天生的冒险家。

亲爱的窦校长：

您好！

作为21世纪的孩子，我们是众人眼中最幸福的一代，身边围绕着时髦的玩具，高档的电子产品，生活很滋润。然而，当我们坐在宽敞明亮的教室里，为什么眼中却没有太多对知识的渴望？虽然课外辅导班一个接一个，但好像所有的好奇心用百度都能解决了。我们没有无拘无束地玩耍过，也没有时间做自己真正想做的事情。我们没有见过小鸟是怎样孵育，没见过蟋蟀是怎样唱歌的，也没到河边去捉过虾……童年就是这样吗？

亲爱的窦校长，您的童年有趣吗？

此致

敬礼！

您的学生：郭睿涵

亲爱的同学：

睿涵的困惑是不是你的困惑呢？从睿涵的信里我读出了一个孩子渴望自然、渴望冒险的眼神，看到了一个孩子最初的样子。窦老师在三十多年的教育生涯中陪伴过很多孩子走过他们的童年时光，眼见着他们从稚拙中成长，让人欣喜，但近些年来，我也越来越担忧。担忧什么呢？担忧亲爱的你们离自然越来越远了。

就像睿涵信中提到的那样，窦老师发现你们终日被各种电子产品围绕着，电话手表、iPad、手机、电脑充斥在生活的角角落落，这样的你们还能感受到自然的脉搏吗？你们接触最多的伙伴是乐高、芭比以及其他我叫不上名的包装精美、设计精巧的玩具，这样的你们还能体会到冒险的乐趣吗？你们花了大量的时间奔波于补习班,在高思、学而思各个辅导机构的格子间里埋头苦学,这样的你们真的能感受到探索的兴奋吗?看到你们背着越来越重的书包,戴着越来越厚的眼镜,一天中的大多数时间被"圈养"在学校或补习班的教室里,听说有的学校为了安全起见,课间十分钟仅仅让你们喝水、上厕所,听到这样那样的消息,窦老师不仅是担忧,甚至开始焦虑了,我特别迫切地想和你们以及你们后面的大人们聊聊,聊聊我的童年。

我的家乡在美丽的长白山下,虽然有那美丽的松花湖,可离我的家太远了,我的眼前,除了山还是山。我是地地道道的山里娃,在大人的世界里,现在的我勉强算得上是个"成功者",就是大人们希望你们长成的那种"有出息的人"。从山里娃到"成功者",有什么成长的秘诀吗?是无微不至的照顾,是托在掌心的保护,是陪着上辅导班做奥数题?当然都不是,如果要追溯这所谓成功的源头,可能要归功于那连绵的群山以及山里的"奇幻世界"。

一　山那头有什么呢？

从记事起，我总是好奇地想，山那头有什么呢？能不能去看看呢？"你这孩子，怎么这么淘气，附近的山里有狼，稍远的有熊瞎子，再远的还有老虎。你爸爸凌晨起来做豆腐，经常看见一只狼，蹲在咱家对面的山头，眼睛就像两个手电筒一样！"听了妈妈的话，小小的我半信半疑，越发好奇。

随着一天天长大，近处远处的山就好像施了魔法，一直让我魂绕梦牵，总想钻进去看个究竟。为了壮胆，我叫来了六七个小伙伴，再加上弟弟、妹妹（顺便完成照顾他们的任务），组建了一支"部队"，伙伴们选我当"司令"，我自豪地承担起整队的任务，用洪亮的声音喊口号："立正，向前看——！齐步——走！一、二、一，一、二、一，小孩走步要走齐！"

我们直奔离村20里、爸爸说晚上有狼的那座山。鼓起勇气，一口气爬上山顶，但连个狼影也没有看见，却发现了好多蕨菜在松树底下乘凉，长得就像人工种植的那样，直直的身体，弯

弯的头，静静地站在那里等候我们采摘，妈妈见我不但能照顾好弟弟妹妹，还能带回可以吃的蕨菜，惊喜得给我竖起了大拇指。

有了妈妈的赞扬，我的胆子变得越来越大，在不同的季节，我常常带领着伙伴们春天采摘山菜，夏天采蘑菇——先后到"八队南山""老何头沟""蛇岔子"和"柞树岗"，还到过最远的"威虎岭"。当然，还有许多没有名字的山岭。秋天是丰收的季节，每次从山中归来，总能带回满篮的海棠果、榛子、核桃、榛蘑等山珍，看着我开心地满载而归，父母也慢慢放松了对我的看管。

后来，听说村里的一位妇女采山珍时，被熊瞎子舔了。父母再一次警告我，千万不能再到远处的山。我嘴上答应着，可心里却盼望着奇遇，心想：熊瞎子真来了，我就立刻躺下，一动不动，憋住气——装死。等它失望地离去，我再站起来，拍拍身上的落叶潇洒地回家，然后，给大家讲讲我的历险记，到那会儿，估计小伙伴们老羡慕了。

可惜，熊瞎子到底没有遇上，但另一番遭遇差点让我丢了窦司令的指挥权。记得有一年夏天，我们来到山丘上"打仗"。我领着山下一队儿和山上的另一队儿战斗，我们拿着木棍、"手枪"，戴着自编的绿色草帽，冲呀！杀呀！在烈日炎炎中和"敌人"厮杀在一起。只要谁被"枪"对准了，就必须捂住胸口，先做痛苦呻吟状，然后，身子一挺，倒下不动。由于我指挥得当，除了个别"牺牲"的以外，我们队大部分成员都冲上了山顶。最后，我站在最大的榆树下，两手叉腰，学着电影里大司令的样子，得意洋洋、威风凛凛。

猛然间，我感到自己的身子像坐了小船一样慢慢在移动了！再细看，脚下好像踩着一个移动的木棍。于是我用力踢开厚厚的树叶。天哪，竟然是一个黑黑的、粗粗的长东西！"蛇！一条很大很粗的蛇！"我不由自主，大喊出来，顿时，"我军"吓得四处逃散，飞奔下山。在山下，待大伙平静之后，我们才又返回"埋伏"起来，一动不动地盯着榆树下，可是，好长时间，没有动静。我想看个究竟,伙伴们不敢上前,只有小大寨(男孩)陪我去了——大蛇已经无影无踪。于是喊伙伴们继续玩,他们战战兢兢,谁也不听"窦司令"的了……

想起这些童年趣事,我常常禁不住微笑。直到现在,忙碌中的我,每每经过附小马约翰操场,看着课间操中,认真列队的孩子们,就会放慢脚步,回想自己小时候神气的模样,情不自禁跟着节奏甩起胳膊……

"窦司令"的职务我只担任到上小学,但"司令"精神的萌芽埋在了我的心田直到今天,激励着我要做一名有责任心的"司令",这种激励其实是大山给予的最好的馈赠。有首歌叫《梦田》,歌中唱道:"每个人心里一亩一亩田,每个人心里一个一个梦……用它来种什么?用它来种什么?种桃种李种春风。"现在想想,那些连绵的山所构建的奇幻世界在我的心田种下了好奇,种下了责任。

二 疼也是一种快乐吗?

窦老师的童年不仅仅有大山,还有玩伴,有一次次惊心动魄的历险。

春天,我和常香香(女孩,现已得病去世,想来心痛)一起上森林里采黄蘑,不小心碰着了马蜂窝,结果群蜂猛追,我俩猛逃。停下来时,却发现迷路了,还被蜇了几个包,但我俩没哭,怕狼听见,看着树木的影子判断方向,终于发现一条草趟子——这是冬天大人用牛或马爬犁拉木头的路,于是,顺着走了下去,结果南辕北辙,走到了另一个村庄,无奈又原路返回,后来家人举着火把,费尽千辛万苦才找到我俩⋯⋯

夏天,我和伙伴到大河里洗澡,玩"摔死孩子"的惊险游戏,从岸上,背朝大河,仰到水里,整个一个非洲男孩的样子。秋天,我常常领着自己的弟弟妹妹到生产队场院的豆垛里挖走廊,再捉迷藏,半夜也不知道回家,有一次竟然钻不出来了,伙伴们在外面七嘴八舌支招,结果不知道到底左转还是右转，蒙圈了。

冬天，赶着毛驴车上山打柴，柴火装满后，我赶着毛驴从陡坡近70度的山顶上滑下，结果驴车太快，毛驴惊了，狂奔而下，把我甩在车辕上，我整个身体必须直直躺在两个车辕上，一只手死死把住拴驴绳，一只手托起后腰，忍着毛驴两条后腿不断抬起时，两个踝骨对我后背的捶打……车终于停了，毛驴安静了下来，我还直挺挺横在车辕上，僵硬得一时半会儿无法动弹。庆幸啊，没有掉入车辕中间，侥幸啊，没有翻车……

还有一次我和小伙伴们一起上山采"托盘儿"（学名树莓，又名马林果，覆盆子。形状像极小的托盘，有红色和黄色两种，一般长在朝阳的山坡上，一簇一簇聚在一起，摘下一个送到嘴里，好甜）。我们采一个吃一个，直到吃撑了，再往随身带的小盆儿里放，准备带回家给父母品尝。我还拿到城里去卖过，一酒盅三分钱。小盆儿里装满了，我们就开始玩耍。虽然游戏时，我们的小手和小腿，被托盘儿秧刺得伤痕累累。

最刺激的一次是，我们看到不远处有一个光秃秃的山坡，怀着好奇，走到近处一瞧，发现这个山坡全是大个儿沙粒形成的，呈浅棕色。还没有玩过这样的山。上！随着我的一声令下，我们从下面开始爬，可是，上坡又陡又滑，在山坡上挣扎一会儿，就败下阵来。尽管如此，我们不肯善罢甘休，又绕过它，从山后登上沙粒山坡的山顶。看到这个特殊的大"洗衣板"，我突然想到在电影里看到的城市里小朋友的滑滑梯，心想，要是从上面滑下来一定很有趣。于是，在我的号召下，"预备，开始！"我们排成一排往下滑，顿时，只觉得屁股像在一个大烙铁上煎炸一样，发出"嗞嗞嗞"的声音。想停下来已经来不及了。一会儿工夫，就"滑"了下来。一看，大家的裤子全开了花，张开了笑脸，屁股就像小丑的两个红脸蛋。"哎呦，哎呦……"伙伴们忍不住，哭成了一片——屁股真的太疼了。

那时是真的疼，但也真的很快乐啊。

冒险取得的快乐，远远大于伤痛和后怕。儿童是天生的冒险家，他们在惊险与刺激中克服恐惧，收获快乐，享受自由探索的乐趣，但现在的你们被保护得过度了。窦老师看过这样的调查，说现在的孩子"在家长无微不至的陪伴下度过了大量的时光,他们变得善于模仿成年人的习惯,所以他们能像大人一样说话和思考,但是他们从来没有建立起真正的独立和自信心"。看到这段话的时候,感觉触目惊心,我的眼前浮现了一个个你——看上去那么聪明但内心又那么脆弱的你们。多希望你们身后的大人也来读读窦老师的童年!

窦老师的童年糗事数也数不过来……这孩子太顽皮了,就是个野男孩,管不了啊,还带着弟弟妹妹一起淘气啊——父母经常这样嚷嚷。实在没有办法了,父亲找到村里前河小学的杜公谷校长,让学校看管我,就这样,我比村里的伙伴提前两年

上学,当上了班级里的旁听生。直到三年级,妈妈才去供销社买了二尺花布给我做了一个书包,我才算真正成为小学生。其实,到了初中,我还没有转过身来,还以为自己一直是个旁听生,直到初三才明白一点点,有关学习的"发育"真是太晚了。冰心曾在《我的童年》中回忆说:"环境把童年的我,造成一个'野孩子'。"那窦老师小时候也真真是一个"野孩子"。

十五岁,我上了中师,从故乡的山里走了出来。山这边的确还有山外山,越走越远,一走就是几十年。但那绵延的远山成为悠远的背景,那林间的微光,仿佛就在眼前。我知道,我"阅读"的是大山。是那走遍山野的脚步拓展了我的视野,让我在那个没什么书可读的困苦年代,不至于精神"缺钙"。

而今成为一名教师,时刻地陪伴着无数孩子的童年时光已经三十多年。其实我从未走出童年,看上去我走出了山外,其实我还在山里,只不过已经是心里的大山。这是生活多么美好的馈赠!我越来越清晰地感受到,童年中精神成长的价值——好奇、冒险、行动、吃苦、坚持等,这些词语从我童年的游戏中、

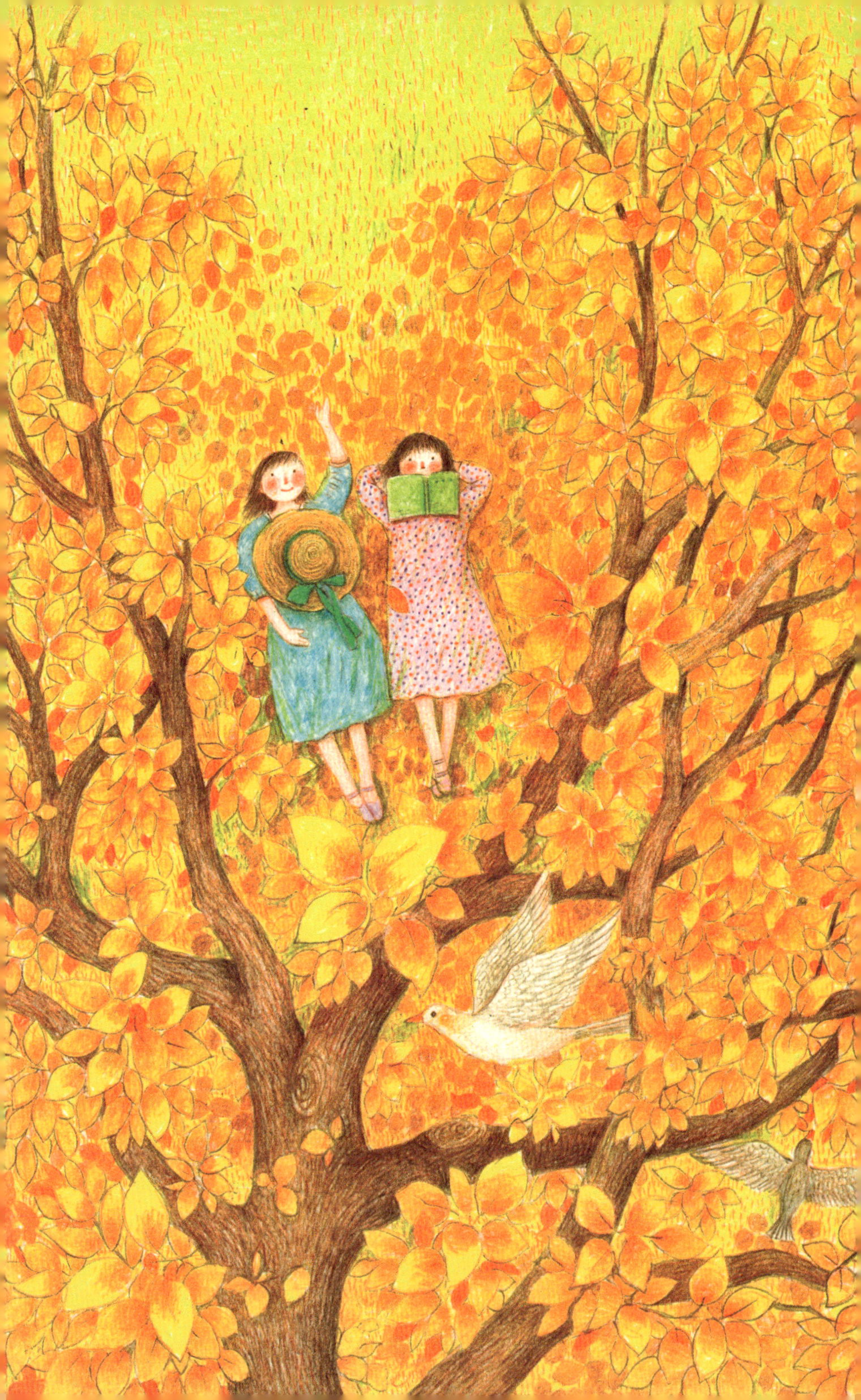

生活里慢慢生长，并成为我一生用之不竭的财富。这是我内心的坐标，这是精神的"骨架"。

有时候，我站在办公室的窗前，看着窗外奔跑的孩子，我会想起童年的远山，想起我站在山下，渴望看见山外的风光，那一刻，我不再害怕幽暗的林间小路，豪迈之气奔涌胸中。每每这个时候，我都感谢我的童年，大山深处的童年给予了我生活最珍贵的宝藏！

睿涵，这就是窦老师的童年，希望这份分享能给你带来快乐，带给你另一种童年的样貌，也希望能给睿涵们身后的大人带去思考，我们到底应该给孩子创设怎样的童年？

你的大朋友：窦桂梅

2018 年 1 月 1 日，北京

尊敬、美丽而且知识渊博的窦校长：

您好！

您的童年故事太有趣了，您的童年由大山陪伴，而我们的童年是附小陪伴着的，虽然没有您的惊险，但也足够精彩。

清华附小的灰墙青瓦，各种各样奇妙的地方和有趣的活动，也时时激发着我的好奇心。二年级时，我发现了一个地方，这个地方仿佛与世隔绝，在里面根本就听不见外面嘈杂的噪音，此地名为"竹林小憩"。正如它的名字一样，这里竹子纵横交错，翠色欲滴。当时，天真的我看到这高耸但纤细的竹子，冒出来一个问题：竹子是草，还是树呢？我心想：一定是树，不然怎么那么高？但我转念又一想，应该是草吧，不然怎么瘦瘦的？主意不定的我去问了家长们，他们的回答也是五花八门，各有其理，于是，这个疑问就被我埋在了心中。

等啊等，终于有了一个特别好的机会。步入高年段，副班主任换人了，变成了一个科学老师。机不可失，时不再来，我抑制不住心中的好奇与疑惑。于是，一天，我找到了科学老师，问："老师，我有一个问题，竹子是草还是树呢？"老师肯定地回答："是草本植物。"之后又很耐心地给我讲述原因，带我一起查询资料，从此我对事物的好奇心剧增。

如今，我要毕业了，我想要对您，对老师们，对母校说一句："谢谢，是你们启发了、培养了我的好奇心，更让我学到了如何用正确的方式探索答案。我希望，学校开发更多培养好奇心的课！"

此致

敬礼！

您的学生：李知远

推荐一本书:《夏日历险记》(美)威尔逊·罗尔斯 著

这本书讲述了一个叫杰伊·贝里的小男孩为了实现自己的梦想——购买一匹小马和枪,他带着心爱的猎狗罗迪深进林地捕捉一群被马戏团悬赏的猴子。在爷爷的指点下,他用过各种计谋,却被猴子们逐一识破,而且屡屡遭到猴子的戏弄,不仅没有抓回猴子,还弄得很狼狈。但是杰伊·贝里没有害怕失败,后来,他还和猴子们成为朋友,帮助他们走出了狂风暴雨后的密林,把它们送回了马戏团。更出人意料的是,杰伊·贝里通过千辛万苦才得来的奖金,他并没有用来买小马和枪,而是做了一件令读者看后流下热泪的事……

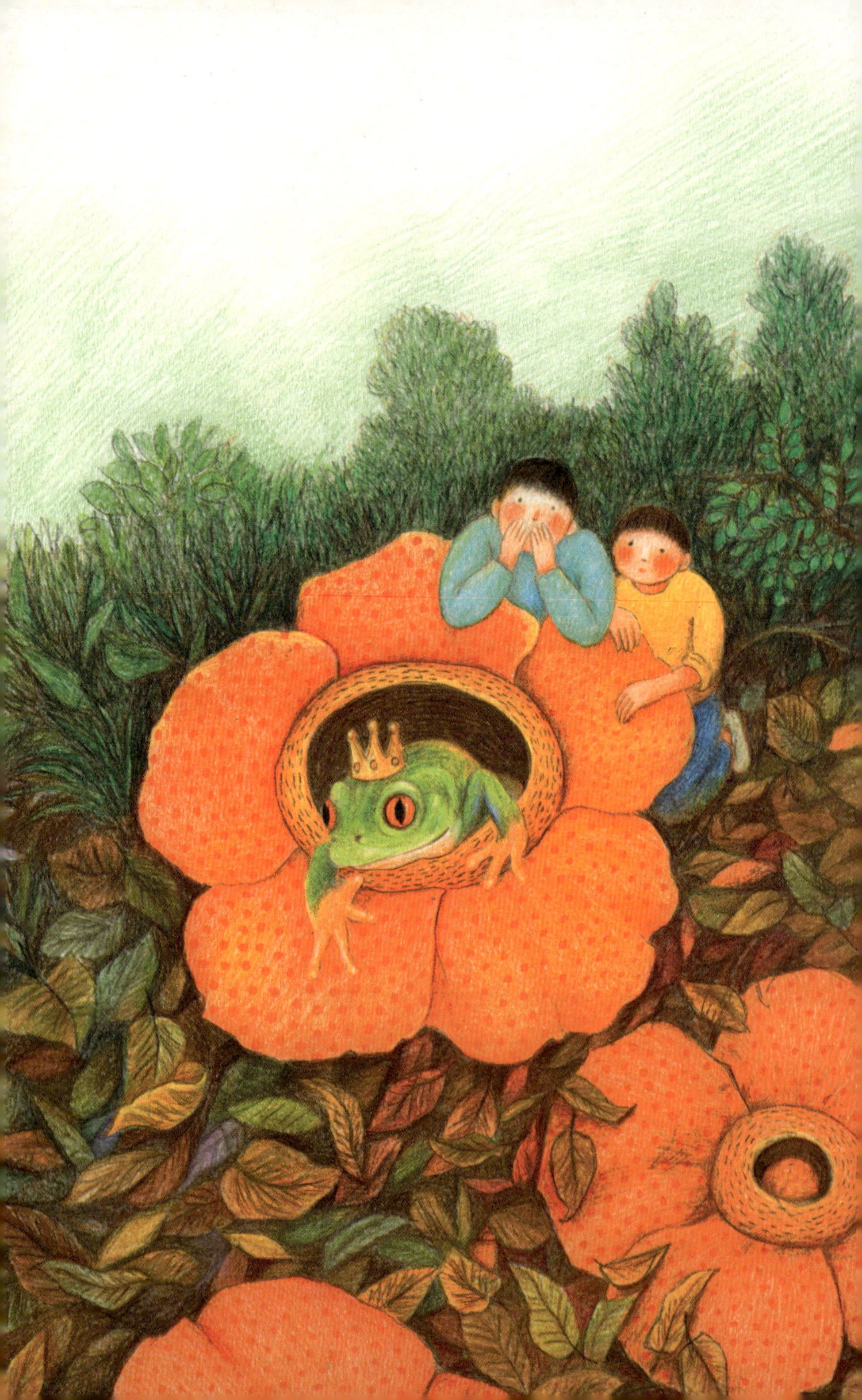

第二封信
The second letter

志趣

"斜杠少年"成长记

只有在志趣的照耀下，
我们才能冲破种种迷雾穿越这无常的一生。

亲爱的窦校长：

　　您好，我是五年级的郑楷，我是个活泼好动、淘气的男孩。

　　在幼儿园的时候我有很多兴趣，一会学钢琴，一会学编程，一会学篮球，一会学轮滑。我从一年级开始参加学校的足球社团，本想锻炼身体，但是随着时间的推移，我渐渐喜欢上了足球，它已成为我生活中不可缺少的一部分。踢足球这项体育运动让我知道了什么是协作，什么是成功，什么是失败，我们团队的每一次成功都让我更加迷恋这项运动。

　　给您写信的原因就是想谢谢您，帮我找到了志趣的方向，这将是我的志向，永不改变！

　　此致

敬礼！

您的学生：郑楷

亲爱的同学：

读了郑楷的信，我想到了"斜杠少年"这个词，仿佛看到了一个"斜杠少年"由兴趣到乐趣，最后至志趣的过程。

现在越来越多的年轻人乐于在不同领域探索，身兼多重身份，可以是老师兼歌手，可以是白领兼画家，可以是公务员兼插画师，这些年轻人的初衷不是追求薪资，而是扩大视野、认识世界、开发潜力、享受生命。对于这些"斜杠青年"，兴趣成为他们生活的必需品。

或许你此时也正学着舞蹈、绘画，或是学着书法、篮球、围棋、机器人……你有着两三样兴趣甚至更多，在不同领域遨游的你不就是"斜杠少年"吗？

其实，梁启超就是一个超级"斜杠青年"，他被称为思想家、教育家、史学家、文学家……梁启超非常看重趣味。有人问他："你的人生观拿什么做根底？"他回答道：以趣味为根底，凡人必常常生活于趣味之中，生活才有价值。我所做的事常常失败，严格一点可以说没有一件不失败，然而，我总是一边失败一边做，因为我不但在成功里感觉趣味，在失败里头也感觉趣味。

由此可知，所谓"斜杠"不在于你拥有了多少技能或特长，而在于你是否对事物保持浓厚的兴趣，其更大的价值在于它赋予了你强大的生命感受力，不再日复一日麻木地消耗时间，而是对每天的生活逐渐上瘾，将日子过得新鲜有趣。

窦老师希望你成为这样的"斜杠少年"，就是希望你拥有这份对生活的兴趣以及这份深植于兴趣的热爱，这种热爱能让普通的生活散发出温暖的光芒。

我想和你聊聊我的女儿，她的名字叫"松阳"，我们希望她如松树一样挺拔，扎根在泥土之中，如阳光一样明亮，能接受宇宙之精华。因姓"何"，你知道古汉语中"何"有"多么"的义项，我们期望她也赞叹她"多么青翠挺拔，多么阳光灿烂"。正因为她很阳光，我看不到她灰暗的自卑或者坚硬的自大。她总是憧憬

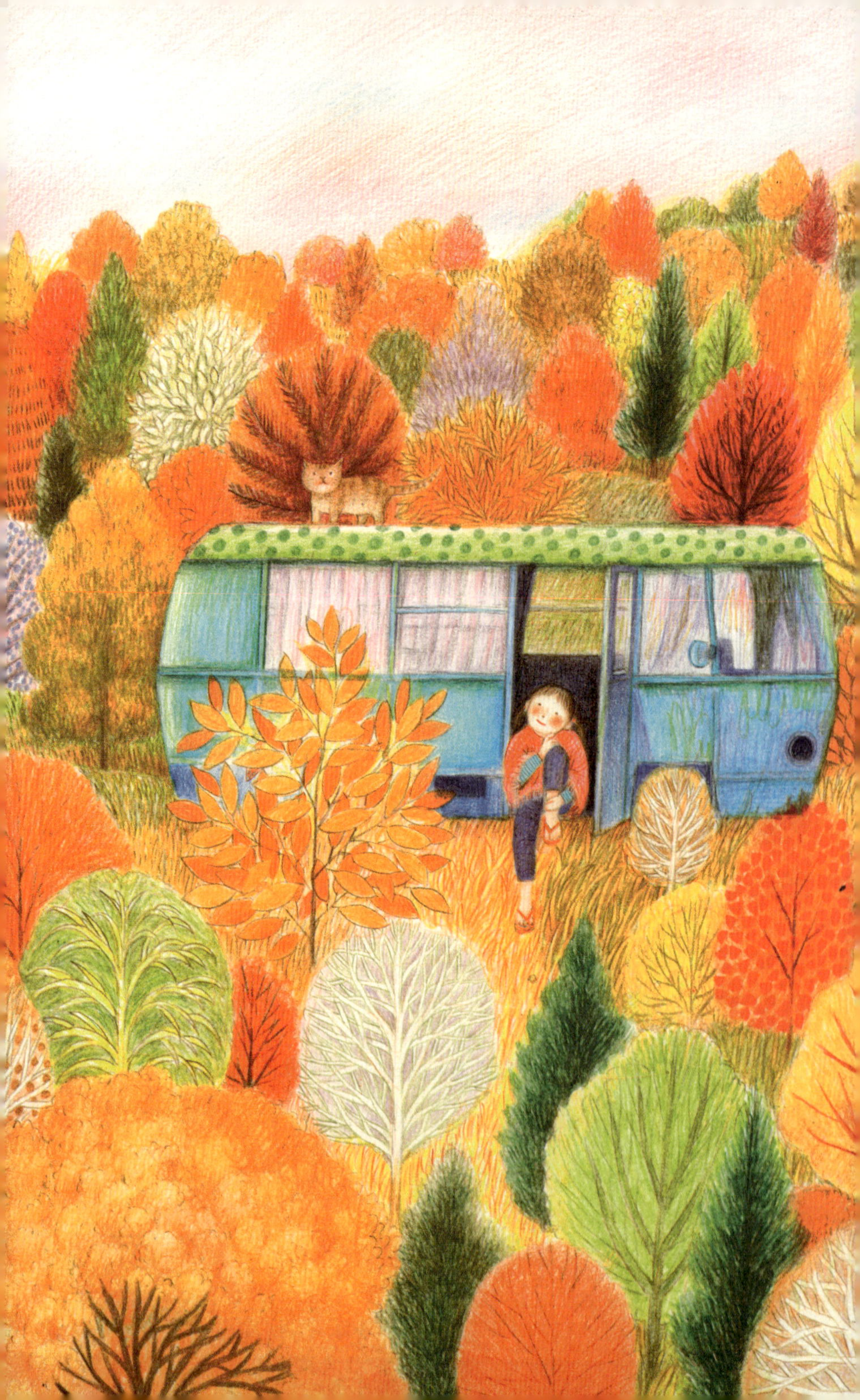

未来，并用美好来描绘。她喜欢诗歌，绘画，音乐……多少次，我总是对她说，"阳阳，个头没有妈妈高呢，赶快长啊""阳阳，长得不是漂亮型的""阳阳要搞音乐创作，可能是幻想"……这些不该说的话，每一次落到她那里，都被她"弹劾"回来……

学习的压力并没有把她压倒，相反，她对生活越来越热爱。热爱，也体现在她为了某一爱好所付出的努力。我到台湾的时候，我女儿嘱咐我能否找到"五月天"乐队，让他们签名。开始我接受不了，后来发现，这个乐队是一个阳光组合，散发着一种明亮的朝气，我终于还是理解她了。为了让她顺利听到"五月天"的歌，我给她凑钱买门票，她爸爸专门把她送到首都体育场。为了得到"五月天"的亲笔签名，她竟然悄悄又去听了一次，并且排队等候……我们之所以没有责怪她，是因为她的这种热情是真诚的。因为热爱"五月天"，她梦想自己能做一个编导、一名歌手，即便高三的紧张岁月，她也没有丢开对"五月天"的热爱。

女儿的故事教育我，亲爱的孩子，你可以选择大人并不赞成的爱好，但你必须对生活的某一方面充满热爱，哪怕在常人眼里这些都叫"没出息"。其实，爱好没有贵贱之分，人最怕的是没有热情。只要你做的是对你的生活有意义的事情，家长就一定会支持！如果童年的你爱好广泛，我相信，你的心灵将洒满高尚的情趣，这些高尚的情趣会支撑你的一生。热爱会净化你的心灵，让你的气质纯洁，坚定执着。孩子，通向理想的道路也许不尽如人意，也许坎坷不平，但，你会因热爱而青翠挺拔、阳光灿烂，你会结识到许多智者和君子，见到旁人无法遇到的风景和奇迹。

但兴趣和热爱只是"斜杠少年"的初级阶段，一个人的成功不是单靠兴趣和热爱的，真正的"斜杠少年"是需要进阶的，他们应从兴趣开始，在参与和实践中让兴趣变成乐趣。

杜威在《我的教育信条》中指出："我认为兴趣是生长中的能力的信号和象征。我相信，兴趣显示着最初的能力。因此，经常而细心地观察学生的兴趣，对于教育者是最重要的。"学生的兴趣复杂多变，从兴趣的稳定性维度讲，他们的兴趣异于成人的兴趣。窦老师和我的同事们乐于注意孩子们的兴趣点，我们深入学生的生活，从细节中以赞美的心态去发现学生的兴趣。

然后，我们会为这些兴趣顺利生长创设恰当的环境，让学生在没有感受到任何外部压力的情况下，自愿地投入到活动和探索中去。通过活动创设条件和搭建展示平台，我们愿意做孩子兴趣和乐趣的"撮合者"。

窦老师的学生里，有个孩子叫宋锡沛，他是一位课堂上的"怪异"学生。在四年级的一堂品德课上，老师发现他总是在课堂上画车模，通过了解才知道，他对车的热爱到了痴迷的程度。关于发动机、气缸等专业知识，他都能如数家珍，老师鼓励他参加学校的"水木秀场"，展示并讲解他收藏的车模，在科技节上向家长以及来宾介绍车的知识。展示只是开始，成长一直在路上。他在"名生讲堂"上以"我为车狂"为主题，与同学们一起畅游车的世界。根据自己对车的研究，他从车标、发动机、变速箱等方面与同学们一起交流，让很多同学对车都有了一定

的了解。虽然宋锡沛的表达还有些稚嫩，但作为五年级的学生，站在讲台上，面对着100多位1-6年级的同学，侃侃而谈，谁能说他收获的仅仅是对车的研究呢？他还收获了探索的乐趣、研究的乐趣和表达的乐趣。

宋锡沛的故事告诉我们乐趣的重要性，乐趣是一种自觉的兴趣，在最底层感官兴趣的基础上加上了自我认知，比之前的兴趣要更高级一些，对自己来说，也是更加投入一些。持续投入的乐趣带来了知识和能力，而这些能力为我们带来更多的乐趣。

但是稳定的兴趣如果缺少目的性的支持，仍然难免落入肤浅，也很难使自身的兴趣得以升华。在浅层的展示外，孩子们还需要正确的指导，把他们引向实际和理论相结合的深层发展，在收获的喜悦中尝到甜头、受到教益，促使他们逐渐把兴趣转化为乐趣，当然这需要较长时间知识能力的积累和持之以恒的毅力品质。

就像我们学校的李嘉华同学，他是一个满世界找虫子的怪学生。他从小就十分热爱大自然，尤其对昆虫抱有浓厚的兴趣。他研究昆虫的足迹遍布北京各地，甚至走出国门，放眼世界：

奥林匹克森林公园、荷塘、延庆、怀柔、密云、野三坡、河北（天皇山等）；海南、浙江、云南、山东；美国（优山美地、宰恩、加州科学院等）、新加坡（动 / 植物园、生物科学馆等）、印尼巴厘岛、南美洲厄瓜多尔（基多云雾雨林、活火山，以及达尔文写《物种起源》的加拉帕戈斯群岛）等。

李嘉华通过喂养几百只昆虫，研究了不同昆虫的习性特征，还制作了许多昆虫标本。二年级时，在班主任何老师的鼓励下，他将自己写的昆虫日记和绘画编辑成了一本书。后来他还在"水木秀场"展示了自己制作的昆虫标本。在"名生讲堂"上，李嘉华以"我与昆虫"为主题，和喜欢自然科学的同学一起走进奇妙的昆虫世界。他用流畅、自信的演讲分享了在喂养昆虫过程中的研究与发现、展示了旅行途中罕见的昆虫世界、描述了昆虫标本的制作步骤、推荐了他最喜欢的昆虫书籍，向同学们传授了很多昆虫小知识。

在我们学校，有很多宋锡沛和李嘉华，这些"斜杠少年"们首先种下了自己兴趣的种子，然后用热情、好奇、坚持去浇灌它，在兴趣中享受探索的乐趣。窦老师相信你们每个人都

有自己的兴趣爱好,如果我们能把这份兴趣爱好发展为专长,就会拥有打开大千世界的钥匙。这个过程既是艰苦也是充满乐趣的。

只是,亲爱的同学,乐趣就是我们的终点了吗?"斜杠少年"已经完成了终结进化?其实不然!兴趣是人才成长的起点和动力,乐趣只是中途的风景,随着乐趣的渐渐深入,我们来到了兴趣金字塔的顶端——志趣。志趣是人们的一种潜在兴趣,人有直觉兴趣和自觉兴趣,这就能解释为什么有些人兴趣广泛,而志趣的秘密在于在感官和认知能力的基础上,还加入了更深一层的内在发动机——志向与价值观。

亲爱的同学,窦老师太想告诉你"志趣"对于个人成长的重要,一个人用志趣作为生命的底色,他就能废寝忘食地埋头探索，他就会不计名利、勇往直前地追求，他就会"生死以之""造次必于是，颠沛必于是"！就像中华人民共和国成立以来一些卓越的科学家：钱学森、邓稼先、南仁东……这样的名单能列得很长很长，正是他们不计名利、艰苦卓绝的付出才让我们挺起民族的脊梁。随着知识越来越多，能力越来越强，能够做的事情越来越多，我们越来越强大，伴随而来的诱惑也就越来越多，这个时候，只有在志趣的照耀下，我们才能冲破种种迷雾穿越这无常的一生。

从乐趣跨越到志趣不是一蹴而就的，这个过程需要激情的支撑，在激情的感染下，你才能由兴趣到乐趣，再至志趣。窦老师非常喜欢法布尔的《昆虫记》，这本书充满鲜活的感悟、睿智的哲思，字里行间都透露出作者对生命的尊敬与热爱。作者将昆虫的多彩生活与自己的人生感悟融为一体，用人性去看待昆虫，使昆虫世界成为人类获得知识、趣味、美感和思想的文学形态。对自然的热爱和探索的激情，使得法布尔在那个远离名利场的乡村终其一生去观察、探索昆虫的种类、特征、习性，最终完成《昆虫记》这部集知识、趣味、美感和哲理于一体的文学宝藏。

窦老师还想起了一个和你差不多大的小女孩,《达尔文女孩》里的主人公卡波妮娅。她的父母一直期待着她学习钢琴、刺绣、烹饪与礼仪等主妇课程,但卡波妮娅对自然科学感兴趣,跟着爷爷做研究,一头扎进自然科学的探索中。她扑进自然的怀抱,实地观察,记录每天遇到的小动物。她从一开始只会简单地记录一只猫、几只蜥蜴、几只蚱蜢,后来慢慢可以进行细节的描述,并渐渐学会通过自己的力量寻找答案,看到了世界最丰富的样子。她因着志趣,找到了属于自己的智慧和梦想。

窦老师相信,在志趣的引领下你也会像法布尔、卡波妮娅一样,不会为蝇头小利、一时的安逸放弃自己的追求,不会为了某种潮流而放弃自己的信念,更不会让虚荣和诱惑迷失了自己,而是去追求更有意义的生命。

那就努力进阶吧,亲爱的"斜杠少年"!

你的大朋友:窦桂梅

2018年2月1日,北京

尊敬的窦校长、何老师：

你们好！

时光荏苒，转眼我上中学已经两年了，说来也奇怪，虽然初中学科多、课业重，无暇顾及更多的事务，但母校清华附小像烙印时常浮现在我眼前，带来美好回忆，陪着我坚持走着中学的路。

母校给我的印象是绿色充满生机的，有着清澈透明的阳光，点点滴滴的生活与学习片段定格在充满光影记忆的间间教室和绿茵场。在我眼里，清华附小还是一个大大的舞台，每天走进学校就开始扮演着各种角色。

母校带给我的不止于这些极致的氛围，更有窦校长和何老师支持我研究昆虫这件事。二年级时，何老师看我喜欢昆虫，就鼓励我在班级做"昆虫展"，展示我制作的昆虫标本、折纸、绘画等，没想到同学们都挺喜欢的，因此我收获了友谊和坚持研究昆虫的信心！何老师看我写了很多昆虫日记，还鼓励我出版了《昆虫（生物）记》一书。三四年级时，何老师和窦校长鼓励我参加"水木秀场""名生讲堂",我站在了更大的舞台上,向全校师生演讲展示我对昆虫的研究。不知不觉中我越来越自信,不再怯场,我知道,这都是因为何老师,没有她不断的鼓励,并教会我很多演讲技巧,我不可能那么从容地站在舞台上,更不会有在教育名家进校园活动中,我对话俞敏洪老师、对话央视记者时的侃侃而谈了。

在清华附小度过的小学生涯令我难忘,是我今后前进的基石。我感恩母校,最感恩窦校长和何老师对我兴趣爱好的支持与培养,你们就像是我的指路明灯。为母校我会继续葆有一颗赤子之心,将研究昆虫这个兴趣爱好进行到底。

祝你们:身体健康、工作顺利!

此致
敬礼!

你们的学生:李嘉华

推荐一本书:《孔子的故事》李长之 著

李长之不但拥有学者的严谨,还能深入浅出,用儿童能够接受的语言娓娓道来,讲述孔子的一生。本书特别适合初次接触孔子、接触儒家思想的青少年去阅读。孔子先世是宋国贵族,少"贫且贱",小时候就对祭祀礼节非常感兴趣,长大后,"十五有志于学",相传曾问礼于老聃,学乐于苌弘,学琴于师襄。学成后聚徒讲学,从事政治活动。50岁,由鲁国中都宰升任司寇。后又周游宋、卫、陈、蔡、齐、楚等国,前后达13年,终不见用。68岁时返鲁,晚年致力教育,整理《诗》《书》《春秋》等著作。不管是从政还是教学,孔子始终希望在恢复周礼的基础上推行他礼乐治国的理念,矢志不渝。

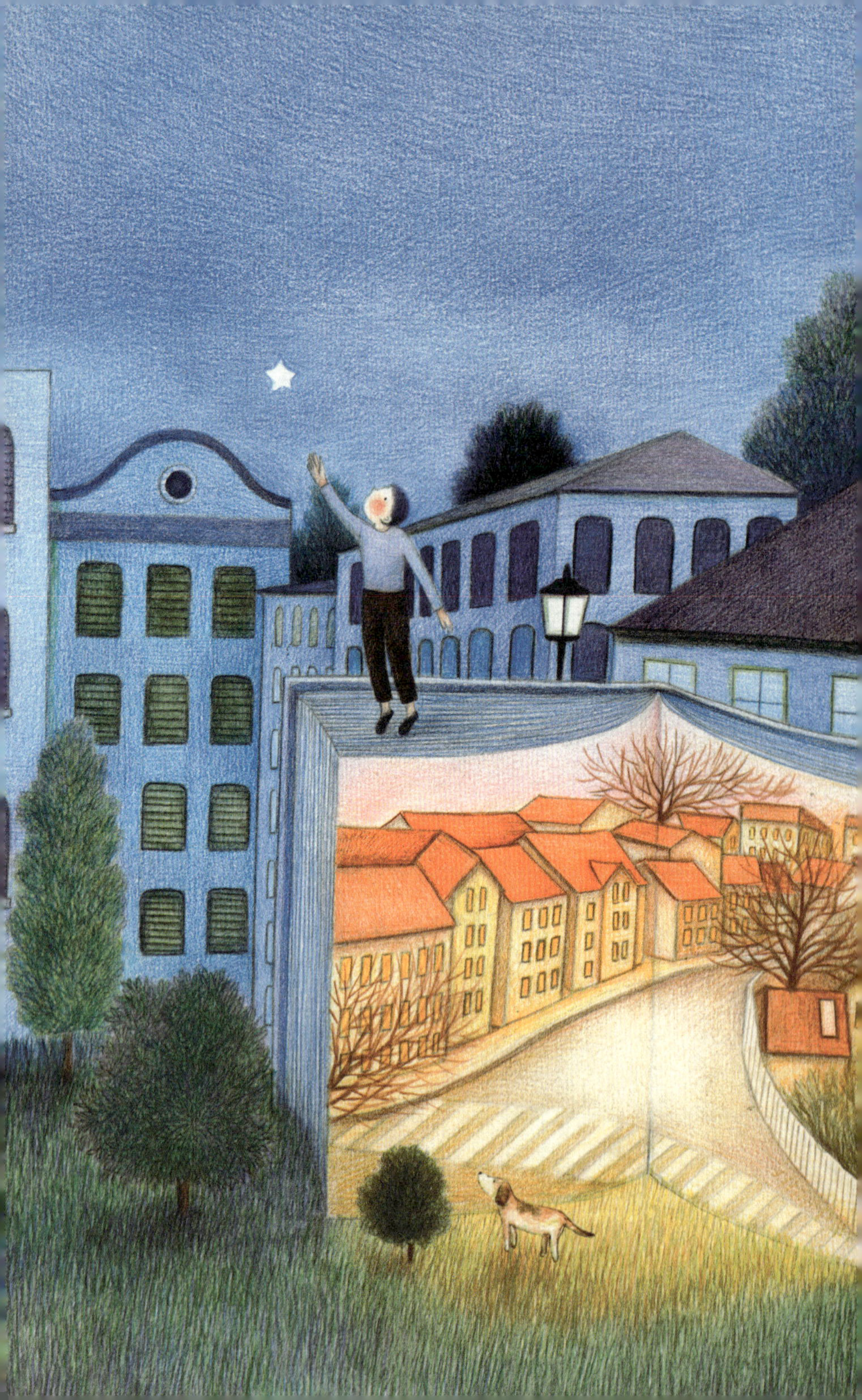

第三封信
The third letter

求索

成为你自己

世上有一条唯一的路，除你之外无人能走。

亲爱的窦校长：

　　您好！每个人都有自己的问题，即使是活了一百岁的老人。那我的问题就更多了。

　　对于世上的许多事，我都感到好奇。在这众多的问题中，有一个问题最使我困惑：到底应该做一个什么样的人？似乎谁也给不出答案，但是我觉得您能回答这道题，因为您有着渊博的知识，丰富的人生阅历。有人说，当然是做一个优秀的人。那么请问，优秀到底指的是什么？我应该在哪些方面优秀？优秀的标准是什么？

　　我仍然在寻找答案，您能给我点建议吗？

　　　此致
敬礼！

您的学生：黄靖祎

亲爱的同学：

　　小小的你肯定有着和黄靖祎一样的困惑：我是谁，是个什么样的人？我和别人一样吗？我能做什么呢？我应该做一个什么样的人？你渴望认识自己。你知道吗，"认识你自己"，这可是古希腊神庙上的一句话……窦老师认为，这个问题的答案远非一个名词，抑或是几个形容词就能回答的。虽然你和大家一样，遵守着学校、生活中的各种规定，过着宛如常人的生活，被父母约束着各种"自由"，但是，你有着自己内心的想法，你能够思考、发现，能够理解人生百态。那些所谓的"男生""女生""00后""同学"等，不过是你作为"类存在"的标签，而真正的你一定是独特的，与众不同的。

　　法国20世纪最重要的哲学家之一——让·保罗·萨特说：

"人就是人，他不仅仅是自己认为的那样，而且也是他愿意成为的那样。"正因为如此，主张和平的他拒绝了诺贝尔奖，其中最重要的一条理由是诺贝尔是研究炸药的人。他的思想决定了他的行动，他又用行动实践着他的思想。

亲爱的同学，看到这里，你是不是要想一想：我愿意成为什么样的人呢？我是要像让·保罗·萨特那样做一个坚持原则的人，还是人云亦云、随波逐流？

窦老师像你一样，也思考过这个问题。1986年，19岁的我从吉林师范学校以优异的成绩毕业，并留校工作。虽然同学们投来了羡慕的目光，但我感到几分失落——熟悉的环境，舒适的生活，而这一切并不是我想要的，我只想做一名能上讲台的好老师。为了我愿意成为的样子，我不断做着努力。

在那个时代，毕业生不用自己找工作，是国家分配，自己和单位都没有权力决定去与留。被留校工作的我自己跑到市教委，要求重新分配，改派到小学，得到的回答是"不行就分配回家"；我给吉林市第一实验小学的李校长写信，得到的回复是"晚了"，已经没有岗位了；到昌邑区艺术小学应聘，王校长想留下我，但我必须先过市教委那道重新分配的关。

等待分配的那些日子，只要见到有可能让我成为一名教师的人，我便言辞恳切地请愿："求求您，让我当老师吧！"这些话一遍遍重复着，当老师的心愿一遍遍诉说着。

纵使他人笑我太癫痴，但功夫不负有心人。终于，那一年的10月26日，我被通知到吉林市第一实验小学报到——成功改派了！原来，因为这所学校的一位新分配教师突然生病，由教务处张主任暂时代课，而我一再要求重新分配，便如愿以偿得以改派。虽说是机缘巧合，但如果不是我的执着哪来这样的机会？报到的路上，走在10月的冷风中，我不觉喜极而泣。

亲爱的同学，你是不是以为窦老师就这样顺风顺水地成了一名教师，也顺理成章地成为一名语文教师了吗？事情远远没有那么简单。

刚毕业的我，学校要求我接替教学水平很高的教务处张主任，学生家长坚决反对。于是，我被安排到教务处做辅助工作，在这个岗位上我一干就是5年。为了能够走上讲台，这5年里我从没有放弃过任何一次上讲台锻炼的机会，虽然只是断断续续代课，但我都全力以赴。于是，我成了学校的万能替补，代过各年级的各门课：语文、音乐、数学、美术、自然常识、思想品德……代数学课，所在班级成绩名列前茅；代音乐课，做过吉林地区的音乐欣赏课。5年来，我开阔了眼界，积累了经验，综合素质得以全面提升。

但是，站稳三尺讲台，不光是广而博，还要精而专。于是，在这几年里，我从没有停止过要求换岗——教我最喜欢的语文。有人说我胆子大，但窦老师想说的是：我的心更诚，那才是我想要成为的样子。1991年，我终于正式担任班主任并教了我最爱的语文课。

尼采说："成为你自己。"这个自己哪怕不是出类拔萃，但一定是别具一格；也无须一定青史留名，但必须是自我塑造。

所以，亲爱的同学，成为你自己，不是顺其自然、听天由命，也不是随波逐流、好高骛远，更不是破罐子破摔、听之任之。

你一定会问我，那到底应该怎么做呢？亲爱的同学，当你能问出这样一个问题时，你已经有了大哲学家的思维，因为苏格拉底也致力于思考"人应该怎样生活"的问题，后世哲学家

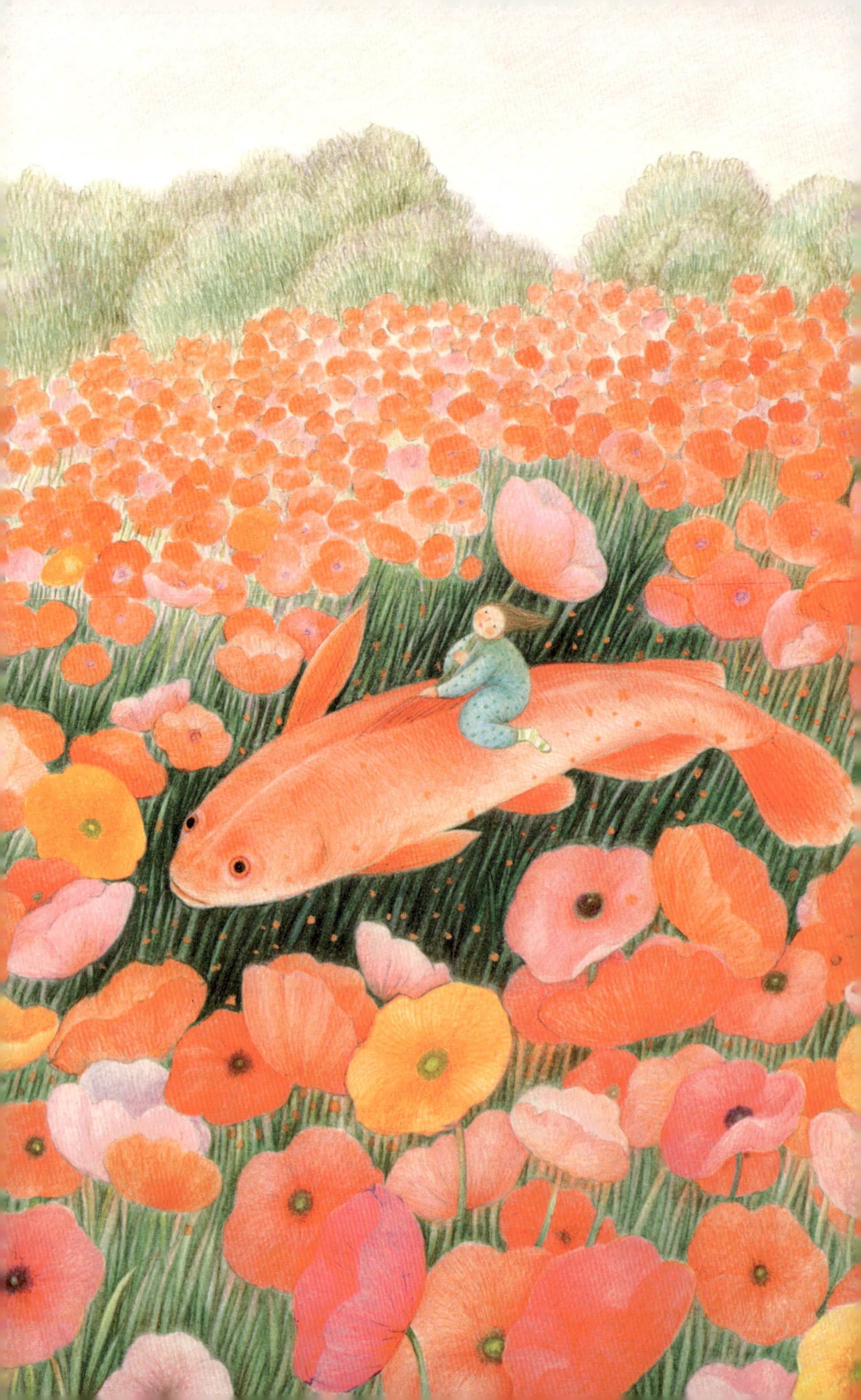

将之称为"苏格拉底问题"。苏格拉底就这一问题的解决方式是，通过我们能够探知的东西来为自己的生活制定方向。

讲到这里，你一定又烦了：什么成为我自己，不就是你们所谓成功人士的生活轨迹吗？还不是那些奋斗再奋斗的教条吗？孩子，你误解了我，窦老师并不认为一定都要像苏格拉底那样制定好生活方向，沿着轨迹不偏不倚地走向终点。我认为一个人如果仅仅将自己视作未来的社会生产工具，他就不是将自己本身看作目的。窦老师更喜欢尼采的观点：用生活的"智慧"取代生活的"目标"。尼采提出的视角主义认为，人类灵魂里有很多叫"欲望"的小人，每一个"小人"都想占据主动权控制你，比如"虚荣""诚实""奋斗"等，哪个"小人"占上风，你看待问题的方式和视角就不一样，做出的人生选择就不一样。那究竟让哪种欲望控制你，你要靠自己的智慧去选择。我们不是为了某天的成功在努力，而是满足内心的选择在奔跑。

我成为一名教语文的班主任后，利用一切时间努力学习，大量阅读。向书本学，我靠的是"勤劲儿"，几年的阅读量达 300 多万字，记下了 20 多万字的读书笔记，50 多万字的文摘卡片；

向实践学,我靠的是"恒劲儿",记下了10余万字的教后记;向名师学,我靠的是"赖劲儿",几年中竟听了校内外1000多节课……

报考中文函授本科时,每天晚上5点钟到师范学院进行补课学习;晚上9点钟到家后,给孩子做明天带去幼儿园的菜;给自己的教学备课,给学生批作业之后,我再复习参加成人高考的内容直到半夜才睡觉。半年下来,我以第二名的优异成绩考上了中文函授本科。

每一次面授我都认真听讲,两只眼睛瞪得大大的,还不时举手发言,心里总是这样感觉:现在是在听大学教师讲课,我是一名大学生啊!学员们都觉得我很可爱,有的说,这个姓窦的"真逗"。中文系的高直主任每一次见到我总是说,你这名学生比现在在学校读书的学生还认真!

随着时间的积累,书读得多了,听得也多了,一个念头冒了出来:为什么我就不能上公开课呢?每一次的公开课,我都挤时间去听。有一次丰丽菊老师讲课,我把她想象成了自己,在大礼堂的讲台上和学生对话交流,还不时回着身子板书。

"你闭眼睛笑眯眯地干什么呢?"同事的问话打断了我的想

象。我找到李校长，告诉他我要上公开课。他笑了，工作了三十多年，还从没有见过自己争取上公开课的教师。他告诉我，要先在学年内练练，然后再说。于是，在学年研究课上，我总是唱主角。

一天，李校长来到我们一年级，告诉我们："你们要好好备课，谁讲得好，谁来参加人教版实验教材的研讨活动。"这下可把我高兴坏了，精心准备《乌鸦喝水》，信心十足，可听课那天校领导没有到我的班上来。下课了，他们从我的教室外走过，我冲了上去，来到市教研室金清玉老师面前。"你们不再听了吗？""是的，你有什么事情吗？""我们校长说每人准备一节的，我准备得可充分了，你们能不能听听？""你们校长只安排我们听了一节。这样吧，以后有时间我再来听你的课。"

原来是这样啊！午休时，泪流满面的我奋笔疾书，一气写了十三页，从门缝塞到校长室里。下午，校长找到我，诚恳地说："下次一定把这样的机会给你，以后我也会经常听你的课。"

就这样，我三天两头请校长听课，每一次我都郑重地把本子打开念道："上节课里您告诉我有以下几条缺点，您看这节课我改了多少。"当校长说这条改了，我会像一个孩子似的喜不自

禁；当校长说不成时，我就在那一条上画一个重点符号。第二学期的一次评课中，李校长笑着对我说："你的进步很大，丑小鸭变成了白天鹅。"

那是一次省级公开课，全省各地前来听课的专家和教师有一千多人。结合当年"两史一情"教育，我准备的是《王二小》。一次次修正，一次次重来，在家里，丈夫和孩子当我的学生；在学校，我对着空教室反复试讲。

明天就要登台了，我对着座椅进行最后一次练习，由于太投入，竟然忘了去接孩子。托儿所的阿姨把女儿抱来，课没有讲完，孩子还哭，于是我就抱着她继续练习。那些日子，只要说到《王二小》，我刚说出上半句，两岁多的女儿就能接着说出下半句。

公开课上，学生哭了，我哭了，听课人也哭了，"三情共振"收到了极好的教育效果，公开课大获成功。就这样，我不断实践，不断思考，从超越教材到超越课堂，再到超越教师，在语文这块"园地"里结出了累累硕果。

窦老师因为喜欢儿童、喜欢教育，就一头扎进来，在一节节课中不断打磨自我，在如饥似渴的学习中丰富自我。窦老师不是伟人，更不是超人，我只是凭着执着，凭着一点点信念，凭着全心全意的付出拓宽了更长更美的人生境界。

优秀指什么、包括哪些方面、标准是什么……你听了窦老师的人生阅历，心中肯定有了答案吧。窦老师希望你也用自己的智慧去决定你的"欲望"，让你的"欲望"决定你的行为，让你的行为去认识和阐发世界。

这才是真正的你，这才是带着你自己生活情境和生命烙印的个体，这才是张扬你生活多样性和激发你生命创造性的个体，这也是我们人类最原始的探索能力和好奇之心。善待这份好奇与探索，请不要在那些呵斥和耻笑中将它们灭迹，而去追逐名利这类虚无的幻影。这两者也许不能带给你世俗的成功，但一定能造就你的卓越和优秀，让你成为更好的自己。

尼采说："世上有一条唯一的路，除你之外无人能走。它通向何方？不要问，走便是了。"窦老师想起了一本绘本，叫《其实我是一条鱼》。书的主人公是一片树叶，它一直自认为是条鱼，想要奔向大海，但在这一路上，它被当作雨伞，当作书信，当作风帆，却依然不是一条鱼，直到经过大海的洗礼，它越来越像条鱼……窦老师愿意做一个守望者，看着你像这片树叶一样勇敢地追求，按照自己愿意成为的那样生活着，如果你能保持这份童真和执着，那这应该是窦老师给你最好的启悟。

你的大朋友：窦桂梅

2018年3月1日，北京

亲爱的窦校长：

您好！我是13级2班的赵林。您的信让我知道在成长的道路上寻找自我的重要。转眼间，我已经六年级了。在附小成长的六年，我学会了诚实守信、勇于担当、协商互让、尊重感恩……

就拿前一阵的校课题研究来说，那是一个星期日的早晨，八点，下着小雨，我们集合在一起，新设计的问卷共收集到了320份，我们要一起改报告，都很激动。这份报告已经是在老师的鼓励与支持下修改的第17版，但是为了让报告"完美无缺"，我们依然做着努力。

首先，我们将数据输入到 Excel 表格，尝试用各种方式统计。大家你一言我一语，讨论得十分热烈。完成统计后，大家都很兴奋，因为很好奇结果会怎样，这也正是研究的魅力。下面就是最重要的环节——分析，这直接影响最后报告的质量。每人都倾尽全力，在小组贡献自己的力量。我们也不是没有遇到困难，那时，所有人绞尽脑汁却不知如何是好。

是姜老师，他一点点指导我们，让我们豁然开朗。克服重重困难后，我们成功地完成了第15版研究报告，大家都很开心，因为那是我们共同努力的结果。

正如屈原所说：路漫漫其修远兮，吾将上下而求索。修远成志，感谢附小培养我们探究能力、合作能力、坚持不懈的精神，由此让我们发现自己，成为自己。

感谢所有培养我们"关键能力"和"必备品格"的老师们！

此致

敬礼！

您的学生：赵林

推荐一本书：《一只与众不同的狗》（英）罗伯·比达尔夫　著

  这本书讲述的是在一座忙忙碌碌的城市里，有一条狗，它总是感觉自己和别的狗不一样，于是，它找寻各种办法去适应环境，但怎么也显得格格不入。有一天，它决定不再犹豫不再彷徨，收拾行囊，决定离开。当它满怀信心在另一座城市落脚时，却发现自己仍旧是一只与众不同的狗。到底是它真的与众不同，还是每个人都是独一无二的呢？看完这本书你一定会有一个答案。

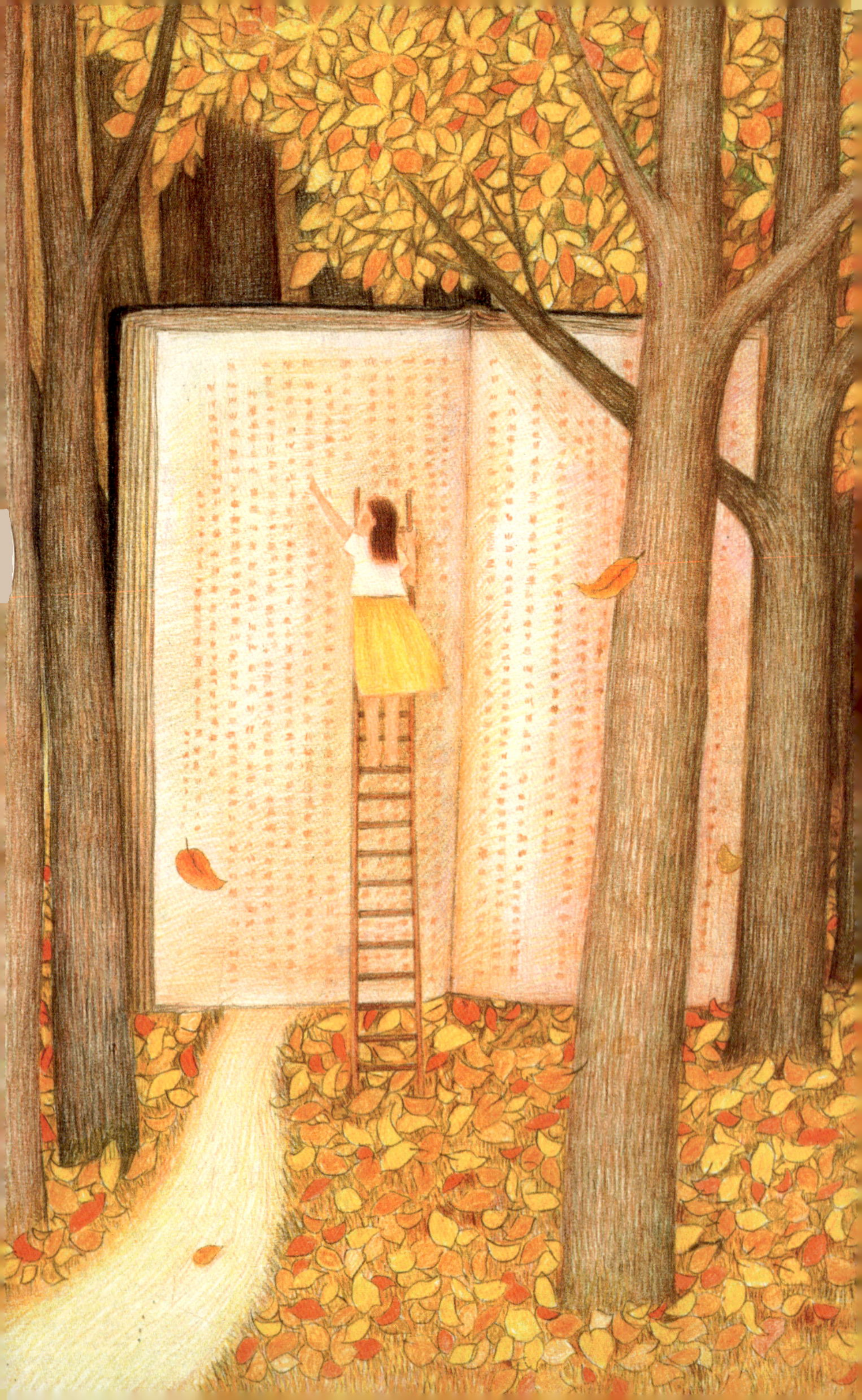

第四封信
The fourth letter

母语

亲近母语,
做有根的中国人

中国古诗文是蕴藏在
无数中国人心中的雕塑和建筑。

亲爱的窦校长：

您好！

在附小的5年里，我最喜欢的是《中国传统文化经典诵读本》。每个新学期，当精美的晨读诵本发到我的手中，我便爱不释手。一首首古诗呈现在我面前，那优美的诗句，清晰的图片，让我身临其境。而诗句下的注释与赏析，让我们对诗句的意思有了更深的理解。

记得有一次，我读到了杜甫的《春望》，读到颈联"烽火连三月，家书抵万金"时深深地被打动了。作者忧国忧民，思念家乡，但无能为力，真是遗憾。

晨诵读本使我爱上了古诗，爱上了文学，更感受到了母语的魅力。谢谢您，窦校长！

此致

敬礼！

您的学生：佟岳桓

亲爱的同学：

在你呱呱坠地那一刻，你接触到的语言都可以称为母语，但汉语是绝大多数中国人的母语。从狭义的角度来看，入学后的语文课是系统学习母语的开始。

窦老师在读博士期间曾经考察过"语文"一词的来历，作为学校学习的一门主课，你们是不是也应该了解一下它的来龙去脉呢？其实它出现的时间并不长，但渊源深长。

清王朝从20世纪初举办新学堂开始，开设了不少课程，但教材都是从西方引进的，唯独"国文"一科，是讲授中国历代的古文，这是语文课程的发端。1919年五四运动爆发，新文化运动兴起，在"Democracy"（德先生）和"Science"（赛先生）的口号下，提倡白话文，反对文言文，于是国文课改为国语课。到了20世纪30年代，叶圣陶和夏丏尊提出了"语文"一词，并尝试新编教材，但恰逢日本侵略中国，被迫中止。在叶圣陶主持华北人民政府教科书编审委员会工作时，他再次提出采用"语文"的名称，得以通过。1950年，全国统一的以"语文"命名的教材出版。"语文"一词固然简化，但含义丰富，它代表着语言、语言文章、语言文字、语言文学等。

我经常说："语文立人。语文你都不行，别的是学不通的。"但这句话其实不是我说的，是苏步青担任复旦大学校长时说的，他说："如果允许复旦大学单独招生，我的意见是第一堂课就考语文，考后就批卷子。不合格的，以下的功课就不要考了。语文你都不行，别的是学不通的。"

还记得一年级时候的你吗？数学课上，老师帮你们读题，读一道，你们做一道，为什么？因为你们不认识字，也不能理解题意。渐渐地，你们认字多了，不需要老师读题了，但数学老师经常会提醒你们"一定要理解题意"。这就是语文的统领作用和重要性体现。现在，你是不是对那句"语文你都不行，别的是学不通的"理解更深了呢？

但是,放眼我们的社会,包括你们平时的交流,处处都充斥着不规范或是让人哭笑不得的网络用语。下面我分别用优美的古文和流行的网络用语说几个句子,你试着品味一下哪一种语言更美。

诸葛亮《出师表》:"未尝不叹息痛恨。"
诸葛亮《出师表》:"真是扎心了。"

刘备曰:"圣人言迅雷风烈必变,安得不畏?"
刘备说:"如此惊雷,真是把我吓到了有木有?"

司马懿大惊,忙问:"木牛流马乃为何物?"
司马懿问:"我晕,木牛流马是个神马鬼?"

曹操从数骑出,曰:"如此奈何啊?"
曹操带着一票人马出来,说:"这肿么办?"

亲爱的同学，以上的网络用语是语言，但不是我们要真正习得的语文。看完这些句子，你是不是也忍俊不禁？是不是对语言美有了一定的认识呢？

那么，语文的什么最有价值呢？窦老师一直在思考这个问题。我认为，学习语文的规范和审美最重要。我在清华附小提出了指向关键能力与必备品格的语文素养目标：一手好汉字（正确、规范、美观）；一副好口才（倾听、表达、应对）；一篇好文章，包括读懂一篇好文章（理解、统整、评鉴）和会写一篇好文章（积累、观察、运用）。我的这些理念得到了社会的认可，也让一批又一批的孩子们受益。

那么，我们究竟该怎样学习语文呢？我认为，最重要的是

诵读诗文与整体阅读。每一个学期,我们学校都会发一本《中国传统文化经典成志读本》,引导孩子们阅读经典。诵读不是读经,更不是死记硬背。那他们读什么呢?有古诗、现代诗、儿童诗、古文、名人名言以及歇后语。

几年前,一次晨诵课上,附小的一位老师给同学们读了一首名为《母亲节》的诗,诗中这样写道:"我不喜欢这个日子／真的／每逢这个日子／我的眼泪就不听话／我不喜欢这个日子／真的／每逢这个日子／老师就要我们画妈妈／每逢这个日子／弟弟就画我的脸／再画上妈妈穿过的衣服／弟弟说／这就是妈妈／我不喜欢这个日子／真的／每逢这个日子／我就更想念／睡在荒野中的妈妈。"

读完这首诗的第二天,有一个孩子没来上学。下课后,他妈妈打来电话说:"老师,麻烦您和我儿子说句话吧。儿子死活不让她下床,哭得死去活来。他说,'怕我睡在荒野中'。我觉得他是在撒谎,不想去上课。"

老师一听,就明白是这首诗"惹的祸",于是对那个孩子说:"诗里的妈妈不是你的妈妈,但我懂你对妈妈的爱,你现在就来学校，我和你再讲讲田野里的故事。"

后来，我听说了这个故事，深深地感动了，就和这位老师说：你务必把这件事记下来，将来这个孩子结婚那天，如果你还活着，一定要参加。你要讲讲发生在他7岁时的这个故事，让他的妻子知道，选择这样一个从小就充满爱心的人是错不了的。所以，亲爱的同学，你还会认为我们只是为了会背一首诗而学诗吗？

曾经，我们还诵读过一首这样的诗："花是不会飞的蝴蝶／蝴蝶是会飞的花／蝴蝶是会飞的花／花是不会飞的蝴蝶／花是蝴蝶／蝴蝶是花。"这首诗看似简单，其实蕴藏着深刻的哲学道理。读完这首诗，孩子们学着用各种东西套这首诗，比如漩涡和龙卷风、月亮和香蕉。其中有个孩子作了首《护士天使》："护士是不会飞的天使，天使是会飞的护士……"这让他妈妈感动地说："我儿子是天才，太有创作才能了。"其实，我知道，这是阅读的力量，是阅读发挥的正效应。

学校里有不少这样的孩子，入学仅半年一出口就是"碧云天，黄叶地，秋色连波，波上寒烟翠""树无根不长，人无志不立"，令听课教师和家长们大吃一惊。有一位家长对我说，带着孩子到苏州旅游时，看到江南的景色，孩子脱口朗诵："枯藤老树昏鸦，小桥流水人家。"

是啊，我们感受着诗的情怀、想象着诗的意境、沐浴着诗的熏陶、积累着诗的语言，虽然还不具备对这些经典的充分理解，但窦老师相信，随着年龄的增长、阅历的丰富、学识的积淀，你自能体会其中更深的寓意。

就像一个同学，读完了"远看山有色，静听水无声""横看成岭侧成峰，远近高低各不同"，去庐山旅游，回来问我："我上了庐山咋啥也没看出来？"是的，有一些东西，或许你现在读了无法理解，但那是一种思想，它已经深深地印在你的脑海里，改变着你的思维方式。

这便是我要提醒你的，学语文除了阅读，还要习得思想。思想是语文从阅读到吸收、再到表达的桥梁，也是我们从阅读积累，到内化于心、流之于思、导之以言的提取与淬炼。

怎样才能有效获取语文的思想呢？就是整体阅读。

整体阅读打破了单篇阅读的狭隘性，从一篇文章的语法结构中跳脱出来，你能在整体中感受到作家作品的人文熏陶，思考主人公在种种人生困境中的选择，感受书中人物的情感起伏，不再用单一好坏观去看待世界、评论他人，在思辨中建立自己的人生观、价值观。不光是一节语文课，你可以通过一节语文课的内容，贯通到整本书的阅读，再到全学科的渗透。比如，2017年，为了纪念苏东坡诞辰980周年，我们学校开展了一系列有关苏轼的教学活动，甚至还加上了烹饪课——学做东坡肉；语文课研究苏东坡的"朋友圈"；数学课测算苏东坡的"被贬路线"有多长；晨诵课进行苏东坡的《食荔枝》吟诵比赛；英语课进行苏轼诗词翻译大比拼；音乐课上唱响《明月几时有》；体育课上举行苏轼诗词障碍赛；美术课上用彩笔绘出你心中最美的苏轼画像或苏轼诗词。在这些活动中，低、中、高年级同学各有千秋、各有创作，在活动中都是满满的获得感。通过一年的不断强化、丰富和积累，同学们更加深入地了解了苏轼，思维也更加开阔。

2018年是朱自清先生逝世70周年，也是先生诞辰120周年。借此，我们开展了丰富多彩的与教学有关的活动向先生致敬，让学生收获更多。如诵读先生的经典名篇、读朱自清相关的人物传记、寻找大师的足迹等,我们仍旧以各个学科为主线,为同学们展现一个立体的朱自清。

作为清华附小的校友,杨振宁说,他之所以获得诺贝尔物理学奖,与小时候记诵的那些经典的古诗文是分不开的。正是因为这些,他发现了物理中的美丽与对称。杨振宁说:"小学一

年级的时候,父亲教我背诵了几十首唐宋诗词。从'床前明月光'开始,有些诗句,例如'少小离家老大回''不教胡马度阴山'很容易懂。许多别的诗句不全懂,但是小孩子很容易就学会了背诵。70多年来,在人生旅途中经历了多种阴晴圆缺、悲欢离合以后,体会到'高处不胜寒'和'鸿飞那复计东西'等名句的真义,认识到'真堪托死生'和'犹恐相逢是梦中'这些只有过来人才能真懂的诗句。"

经典文化的熏陶不是一朝一夕之功,而是一项庞大的系统工程。它所要营造的是一汪沐浴灵魂的深潭,让人沉醉其中,使人神清气爽,引导人去咀嚼、品味生活,成为一个性情通达、才智清明的人。也许,大多数的诗歌,背过就忘记了。忘记了又能怎样?美国诗人狄金森说:"事情从我们心里消失时,是遗忘还是吸收?"其实答案不言自明。这恰好给了我们将古诗文的滋养渗透到学生生活每一个细节中的勇气。

我们都知道苏步青,他喜读《春秋左氏传》。他在做学生时,写出了出色的数学论文,因为水平太高,有时被疑为剽窃,老师说:"确实是他写的,因为这里有《左传》的笔法,而他是最爱读《左传》的。"正是在悉心的研读中，苏步青才在不知不觉中汲取了古诗文的滋养。

余秋雨说："在欧洲，作为古代经典最显目的标志，是一尊尊名扬天下的雕塑和一座座屹立千百年的建筑。"中国古诗文是蕴藏在无数中国人心中的雕塑和建筑，而代代相续的诵读，便是这些经典延绵不绝的长廊。欧洲经典的长廊安静肃穆，中国经典的长廊书声琅琅。在孩子们还不具备理解力的时候，就把经典交给他们，乍看莽撞，实际上却是文明传代的绝佳措施。

作家赵鑫珊说："20岁那年，我读到日本物理学家、诺贝尔奖获得者汤川秀树写的一本物理书。在扉页上，作者用庄子的一句名言作为题记：'判天地之美，析万物之理。'这给了我精神上的震撼。"我相信，他的第一重震撼是这句格言本身所具有的气魄。研究数学、物理学和天文学的人当拥有这般审视天地之大美的心胸，这才是自然科学研究的最高境界。只有怀着这一崇高目标的人才有可能做出伟大贡献。为什么我国高等院校数学、物理教科书的扉页上，不把庄子的这句格言写上去呢？

写了,会开阔广大理工科学生的眼界,甚至造就中国的爱因斯坦。第二重震撼是,他是从一位外国人,而且是一位杰出的理论物理学家那里第一次知道庄子这句格言的。

"做有根的人!"这"根"就是我们的母语、我们的文化,而在小学里亲近母语,就是为自己扎根,扎好民族的根、文化的根。这样我们才能在远行时眼睛里有理想的微光,在攀登时心中有份文化的笃定。

你的大朋友:窦桂梅

2018年4月1日,北京

亲爱的窦校长：

您好！

谢谢您对母语的重视，您为了我们亲近母语，开展了许多的活动，让我们在五千年的母语文化中不断沉淀前行。

记得一年级刚入学时，我并不了解汉字背后所蕴含的意义，但您在开学典礼对"人"这个字的解读让我记忆犹新。"人的一撇一捺就像一个人站在地平线上，"您告诉我们，"要踏实地做人，人与人之间没有贵贱之分，贫和富只不过是种生活方式，所以不必为贫穷而伤心难过。撇捺就好像是人不可少的诚信与感恩，失去一个人就将倾倒，不完整。"听完您这一席话，我仿佛明白了中国人造字的真谛，是您让我感受到母语的博大精深，原来一个字就蕴含了这么多丰富的哲理，原来母语也能教我们如何做人。

书法更是一种母语的结晶与精华。是您拉着我的手，走进了附小的书画长廊。这个地方弥漫着书香墨韵，看到隶书、楷书、篆书、行书，我仿佛看到了，那个时代的人们丰富的民俗与极高的审美水平。它们或是酣畅淋漓，行云流水，或是苍劲有力，或是柔美飘逸。经过一个学期我就达到了能写春联的水平，当然有才艺就要去做公益服务，我凭借自己的才艺得到了一张校长奖。当我站在光荣的主席台上，您亲自给我颁发金灿灿的奖状时，我心中感到无比的兴奋与自豪。要知道对于一个小同学来说，校长奖是一种神圣的象征，是您让我对自己的书法更加自信，是您让我更坚定地在这条书法路上走下去。

吟涌也令我感受到了母语的温度，从《诗经》一路走来，我听到无数黑眼睛、黄皮肤的中国人吟唱不朽的诗篇，抑扬顿挫，断金切玉，每个字都那么妥帖，语言仿佛活了，如梦谁般轻轻吟唱着中华民族的风骨、气度。"有匪君子，如切如磋，如琢如磨。"从《论语》我知道中国人传承的君子是温润如玉，坚硬如玉，那是一种高尚的情操和雍容的气度。"生当作人杰，死亦为鬼雄。"在李清照的笔下，我知道了中国人欣赏的是怎样豪爽大气的英雄豪杰。

啊！敬爱的窦校长，是您告诉我汉字不是无思想无感情的死物，汉语、书法也不是简单的交流工具。我从来都是将母语放在高高神坛，当作祖先千百年传承下的民族图腾般顶礼膜拜，神圣而虔诚，在我眼中母语如河，流淌着您的谆谆教诲和万般叮咛！

  此致

敬礼！

您的学生：姜雨菲

推荐一本书：《白鱼解字》流沙河　著

　　这本书是流沙河老先生历时几十年研究古汉字的心得，系统地展示了作者对汉字起源奥秘的见解，发前人所未发，新意迭出，给予读者相当丰富的思考空间。许多字经他这么一说，意义凸显，也更便于接受。流沙河在揣摩甲骨文、金文、篆文的基础上，综合生活经验、语言学等人文知识，提出了自己的说文解字心法，令人耳目一新。老先生语言平和幽默，颇有大家风范，让人如沐春风。

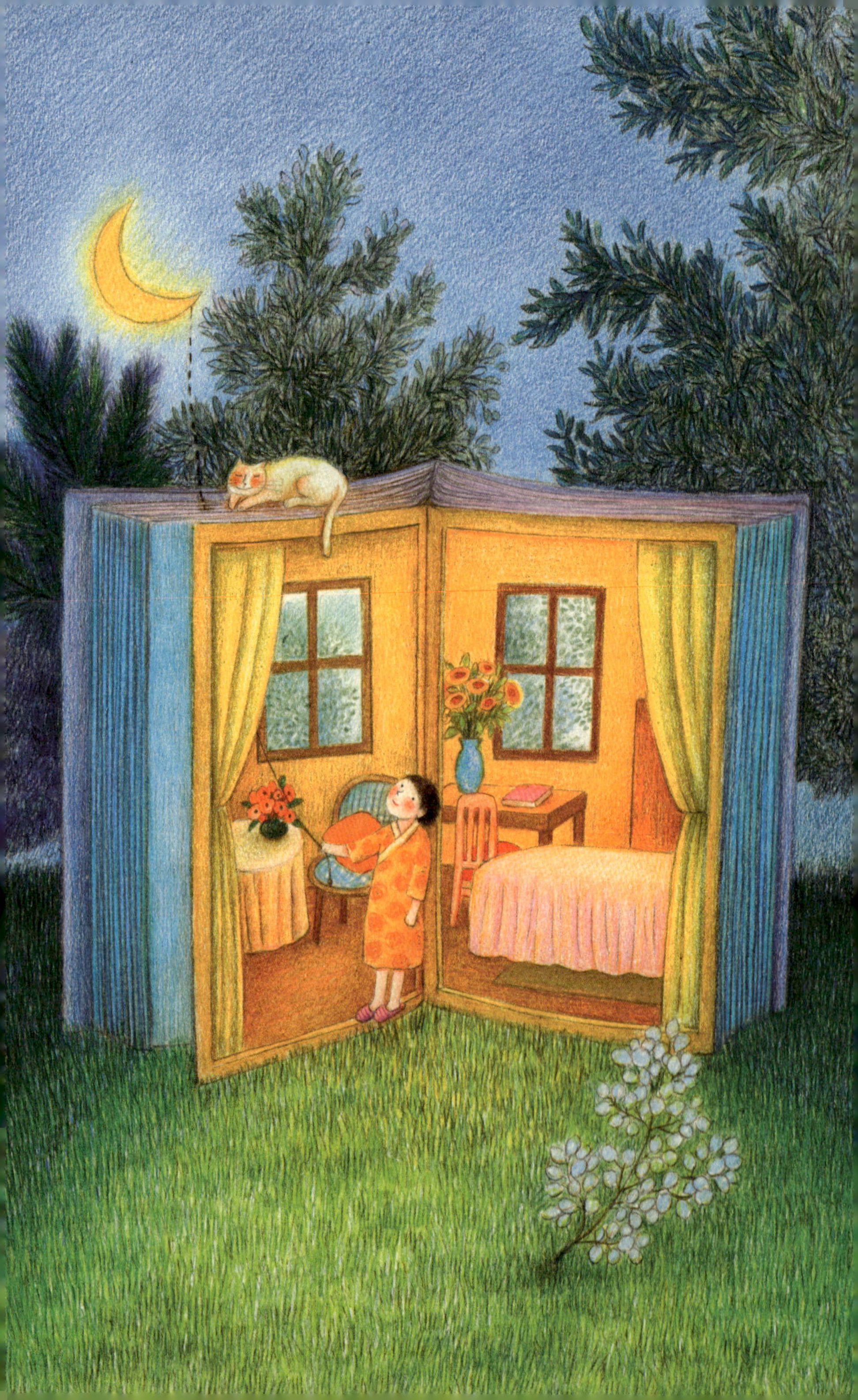

第五封信
The fifth letter

阅读

在阅读里安身,
去靠近那些伟大的灵魂

因为读书,惊醒了那甜美的童年梦谣,
含苞的童年花骨朵便绽放出少年的灵动。

亲爱的窦校长：

　　您好！

　　您曾说过，今天给孩子什么样的阅读底子，决定着孩子未来拥有什么样的世界。亲爱的窦校长，您知道吗？我以前不是一个爱读书的学生，但一次经历改变了我。

　　那次，在学校图书馆的家长读书活动中，有一位长头发的阿姨，拿着一本书，用轻柔的语气在一个角落里娓娓讲述一个故事。我慢慢地走到那个阿姨面前，拉开椅子坐下，抬头望着那本幸福的书。我安安静静地听，听得入了迷……从此我深深地爱上了阅读。

　　后来，我才知道，那位阿姨就是您，不知您还记得我吗？

　　此致

敬礼！

您的学生：黎浩宁

亲爱的同学：

说实话，我不记得浩宁，但窦老师想要遇到无数的浩宁，然后告诉他们读书的味道。你知道读书有味道吗？或许你会说：有啊，读书津津有味嘛。那你知道读书是什么味道呢？窦老师告诉你，读书的味道是甜的。这是窦老师切身的体会。

出生在小山村的我，小时候最开心的事就是在寒冷的冬天，围在炭火盆旁听姥爷讲《杨家将》《封神演义》《水浒传》，或是在没有电灯的夜晚，躺在被窝里听妈妈讲《聊斋志异》……这是我与书最早的接触。

这些书让我的好奇心长出想象的翅膀，也让"疯"生长在我那乡村的童年。我经常想，山的后面是不是住着神仙？我能不能遇上梁山好汉？我学着书中的样子，把自己当作首领，带领伙伴们在森林里侦察地形,邀上伙伴们走进山里探险。

我真正自主阅读的开始是在学校。因为我的父母白天忙于农活,无法照看我,便提前两年将我送到学校当旁听生。为了防止我淘气,班主任周老师常常拿来一些小人书给我阅读,《西沙儿女》《孙悟空》《七把叉》《小刀会》《红灯记》……对于家境贫寒的我而言,真是给我打开了一方神秘的世界啊!于是,小人书似一泓澄澈的清泉,润泽着我那充满好奇的心灵,进一步引领我走向更为丰富精彩的世界。

我的家离学校有一定的距离,每天放学都要坐火车回家,火车站候车室便成为我的固定"图书馆"。每天等车时,我用省吃俭用节省的2分钱租一本《三国演义》系列小人书,如饥似渴地读着,就这样,我读完了全套48本。

候车室里,傍晚的霞光经常调皮地停留在书页间,望着我微笑,也许笑我对书爱不释手的疯劲儿,或是笑我恨不得一口吞下一本的狂痴。晚霞照亮的不仅是字里行间,也把我的心坎映得暖洋洋的。书里丰富的人物表情与形象,惟妙惟肖的动作,行云流水的线条和逻辑紧凑的情节,再配上简洁生动的文字,

一次次让我沉醉其中。感受着书中人物的喜怒哀乐，各个场面在我的脑海里一幕幕上演。

一天，如往常一样，我又躲在候车室租书处的一角，捧着小人书静静阅读，很快就被书中曲折的故事情节吸引住了。我沉浸在"秋风五丈原"的悲凉中，完全遗忘了周围的世界。当我终于从这场令人不能接受的结局走出来时，猛然发现火车已经开走了。于是，我在候车室里待了一夜。

因为家里没有太多的书，闲暇时，我遇到文字就要读一读，甚至通过找字游戏来解闷。小时候的农村，家里经常用旧报纸糊墙壁和屋顶，我常趴在墙上津津有味地读着《人民日报》《光明日报》等，并从中了解了发表在上面的好多重要新闻和批判文章。

15岁，我梳着小辫，穿着布鞋，走进师范学校。从这时起，我第一次走进图书室,看到琳琅满目的书籍,真正感受到了知识的温度,尝到了读书的味道。我期待由经典来涵养的心灵,就像肥沃得没有杂质的黑土地,一旦播种便会迅速长出旺盛的生命激情。我那颗勇敢而富于冒险的童心,开始拥有柔软细腻的一面,逐渐懂得生活还有这样多元的意义。我感受到,一个孩子健全的心灵,必须由科学的知识、活泼的文字、高尚的思想来调养。

在这所并不太大的学校图书馆里,在一大堆页边泛黄的旧书里,我邂逅了《简·爱》,扉页有些脱落,但封面上那位眼窝深陷、瞳仁发蓝的女子深深吸引着我。作者简介中,"15岁"的字眼儿猛然叩动了我的心弦,15岁时她进了伍勒小姐办的学校读书,几年后又留校为师。后来她做家庭教师,因不能忍受贵妇人、阔小姐的歧视,放弃了这条谋生之路。她曾在意大利进修法语和德语,在意大利学习的经历激发了投身文学创作的热情。由此,夏洛蒂·勃朗特才得以与她笔下的简·爱一同,以她们的坚韧、顽强在文学史上名垂千古。

窦老师读《简·爱》的那一阵子真是废寝忘食啊!寒冬深

夜，我披衣裹被，在手电筒融融的灯光中，陶醉于诗意的凄凉、雄伟的壮丽中。我折服于简·爱高贵的人格魅力，更为她真诚的独白而惊叹。随着优美流畅的文字，我走进那画的意境、诗的韵律，走进那激情四溢、荡气回肠的情感，走进那深刻的人生哲理、美好的人性品格。

至今，窦老师仍旧记得简的那段话："让我走。你以为，我因为穷，低微，矮小，不美，我就没有灵魂没有心吗？你想错了——我的心灵跟你的一样丰富，我的心胸与你的一样充实。虽然我一贫如洗，长相平庸，但我们的精神是平等的，就如同我们经过坟墓，最后将同样站在上帝面前——因为我们是平等的！"

简·爱的言语铿锵有力，为我的生命点亮自信的明灯。她告诉我，在这个世界上，人人都是平等的，没有贵贱高低之分，只有文化的差异、地域的差别，重要的是，你怎么样看待自己。只要不自卑自弃，无愧于自己，努力为之，就会赢得自我，赢得多彩的人生。

多少天，我都沉浸在《简·爱》的语言织体中，完全走进了简·爱的感情世界，和她一起皱着眉、咬着牙、喘着气。吃饭、走路、休息，到处有我和她交流的场景，并跟她一起和罗切斯特对话——"和我同爱，和我同在，我爱人，也被爱"。就这样，相同的年龄，相同的性别，少年的渴望，促使我对未来充满憧憬和向往，并把自尊自强的种子悄悄种在了心里。爱，这个简单得平常的字眼儿，却在书中复杂的情感里得到至真至纯的过滤，也让我化繁为简，澄澈中升华了自我。

现在，虽然窦老师心灵的小船早就挂起了风帆，但我仍旧在书的海洋中乘风破浪。当年那个扎小辫的小姑娘，结识了简·爱之后，又感受了保尔·柯察金的信念与顽强、约翰·克里斯朵夫的敏感与挣扎，老子、孔子、歌德、雨果、苏东坡、曹雪芹……大师和他们的经典一起点亮了我的生活。因为读书，惊醒了那甜美的童年梦谣，含苞的童年花骨朵便绽放出少年的灵动。

已入中年的我，面临生活的压力、工作的压力、社会的压力，深感生活之艰难、生命的不易。然而，当我坦然面对这一切时，会发现自己人性里的美好品行，善良而富有同情心、正直而自信、对人生仍充满热爱和梦想等,都是通过读书获得的。

我从听书、看小人书,到真正地读书,踏着白纸黑字的阶梯,一步一步走上来,之后我发现我竟然还可以写书。于是,我开始在读书中思考、实践中记录,有对客观事实的描述,也有教育理想的感情抒发。我给学生们写下我的童年趣事,并读给他们听;把我的教育教学反思发表在报纸、杂志上以飨读者;梳理自己的教育教学生涯,取了几个名字叫《激情与思想》《和教师一起成长》《和孩子一起成长》《梳理课堂——窦桂梅课堂捉虫手记》《玫瑰与教育》……

当然,我读过的书比自己写的书要精彩许多,但这毕竟是我读书与实践的人生阶段性小结。我还发现,读别人的书的结果是把那一个个方块字凑成的思想、情感,化作了属于自己的人生感悟,也让自己的一个个方块字变成永久的"美丽容颜"。

现在,我穿梭于三者之间,读书、思考、实践。那么你呢?你可能总是听到爸爸妈妈,还有老师跟你唠叨阅读的好处,你会在心里嘀咕:我知道,我知道。阅读的好处不言而喻,但关键是你体会到阅读的乐趣了吗?你知道该读什么书吗?你是否一辈子都能葆有阅读的状态?

我们可能花了很多时间在读书学习,却无法领略阅读的快乐。我们可以为了考试得高分,猛看教科书,却不愿花一些时间去阅读文学作品和人文社科丛书,除非老师补充说"这个会考"。这是很可悲的。我一直认为,阅读是一种习惯、一种卓尔不群的好习惯,既是习惯,便可养成;既是好习惯,便当坚持。

读一本好书,如同邂逅一位伟大的老师,可以和亚历山大大帝一起远征,向苏格拉底请教哲学奥秘,和雨果一起探讨关于《悲惨世界》的命运……你能说这不是一种甜甜的味道吗?你能说这不是一笔永恒的财富吗?不了解这份喜悦,是多么可惜啊!一旦体验过那种喜悦,人就会不由自主地去主动品味和汲取人类的精神遗产,并且逐渐内化、运用自如,成为"心灵巨富"。这种收获,就好像拥有好几家银行一样,需要多少就能提取多少金钱。

在我看来,对于正在求学的你而言,获得人生价值取向的美,关键是依靠阅读。在阅读中思考、明辨,阅读那些被岁月证明的经典,从书中一个个人物的生命发展史中涵养生长的力量。

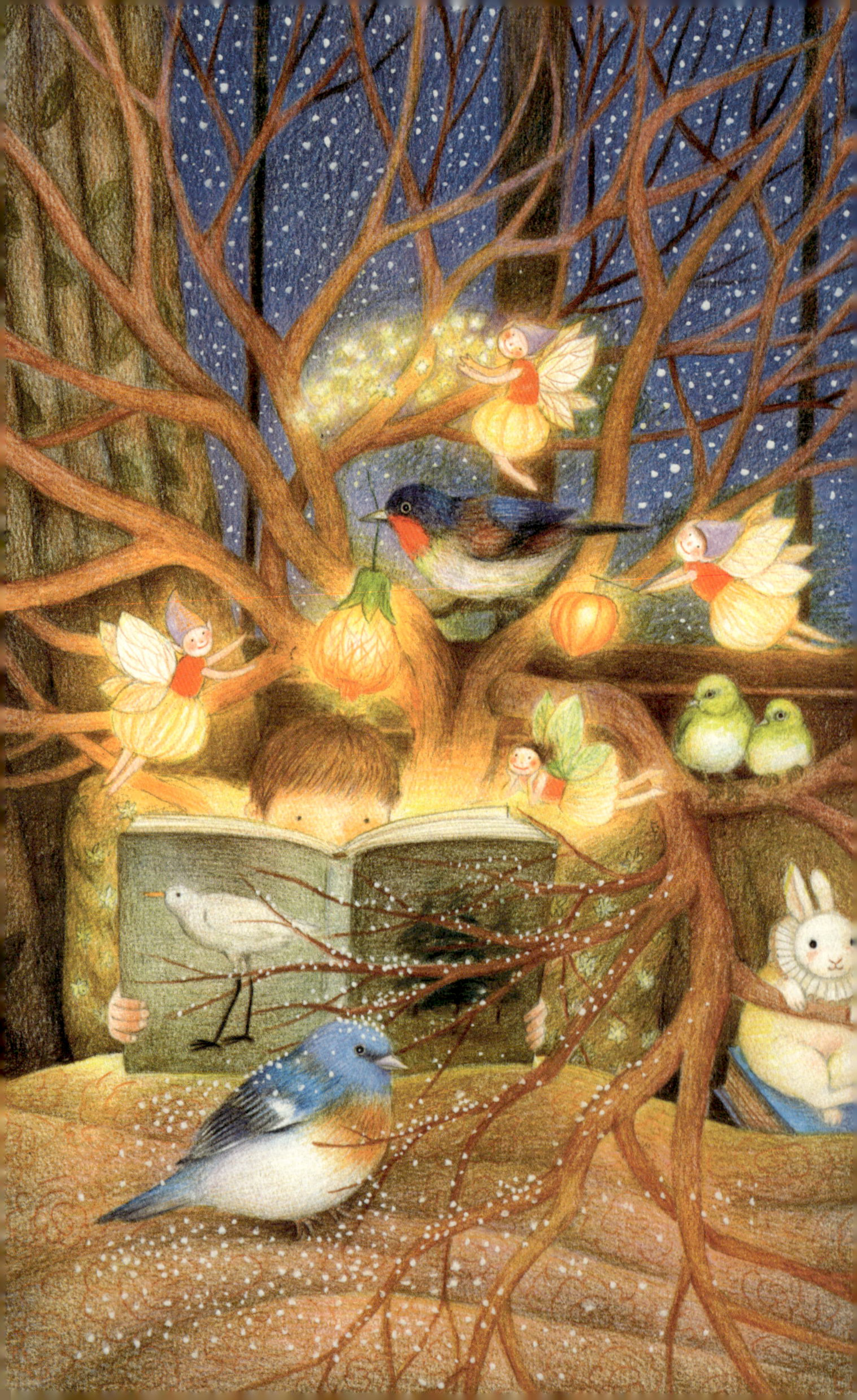

今天，互联网对全球的冲击很大，全球化竞争对你们未来的适应性提出了更高要求。作为网络时代原住民，依靠怎样的力量才能使自己在拥有国际视野的同时具备中国灵魂，而不会成为拥有丰富专业知识的"野蛮人"？我想关键是一个人的人文素养。而这种素养的达成，必须依靠经典阅读。

"经典"是前人思考的结晶，是我们这些现代人可以信赖的精神家园，它历经时间淘洗而传承下来，保存了我们人类文明中真善美的火种，令你取之不尽、用之不竭。在未来充满歧路的选择中，它将帮你拥有强大的理解力与价值判断力，成为一个有根的人。在阅读中，与那些健全的人格靠近、靠近、再靠近，那些真实的人物传记，或虚拟的人物故事，或许会在某一时刻，匡正你人生的方向，甚至成为你人生的坐标。

清华附小2018届毕业生赵知远喜欢《辞海》，每天翻阅两小时左右，渐渐地，他被那些部首笔画所吸引，通过部首笔画查阅词条中记载的人物。《辞海》让他从人物介绍中领悟到许多高贵品质：屈原"路漫漫其修远兮，吾将上下而求索"的百折不挠、不遗余力追求真理的勇敢精神；张骞"渴望和平舍生死，雄姿两度满楼兰"的报国精神;王羲之"临池学书,池水尽黑"的执着精神;苏轼"九死南荒吾不恨,兹游奇绝冠平生"的乐观精神……

这些人物的光辉照耀着小小的知远,让他对中华文化产生了无限热爱,他把这份热爱转变成对书法持之以恒的学习。他在班里组织成立了"雪点儿"文学社,和罗一伦等几个喜欢诗词的同学一起学习讨论,尝试创作古诗词。临近毕业,他写了《六州歌头·成志师友别》,表达对6年小学时光的留恋,对学校一草一木别离的不舍,对师生情、同学情的感恩,博得了众人称赞。他是在阅读与发展兴趣中汲取了成志人物的精神力量,也成为别人心目中的榜样。

一个人无论何时,始终葆有对生活的好奇、对知识的渴望、对人生的领悟,很大程度源于一生拥有的学习状态。亲爱的同学,不管你在小学、中学、大学的学习压力有多大,不管你将来做什么,成为一名学者、一位教师,或者只是普通劳动者,在火车上、飞机上、地铁里,恳请你要读起来,哪怕单篇美文、哪怕微信短文,每天读一篇,哪怕一段。这不是用读书装扮自己，不是书本本身了不起，而是阅读能帮助你更好地解释生活。在你还没有完全认同和理解这个世界的时候，书本会给你力量，会给你追求和奋斗的勇气与智慧，为你的未来思考提供另一种选择性与可能性。

随着你慢慢长大，如果你发现自己根本没有读书的习惯与热情，而且还不以为然，没有负罪感，你就该知道，某种程度上说，你已"堕落"了。亲爱的同学，把书捧起来，读经典的书，做有根的人，让经典改变人生。

阅读的过程，就是在阅读里安身，去靠近那些伟大的灵魂。我相信，通过大量经典书籍的阅读，你对童年时光会有更多美

好的记忆,人生道路的起点也将走得更为扎实。长大后,你理解了要"诗意地栖居在大地上",还要书写属于自己的故事,结出沉甸甸的果实,走出如书中甚至超越书中的精彩人生。亲爱的同学,无论你多忙,不管你做什么,首要的是,做一个永远热爱读书的人。把阅读放在学习的主旋律里,把人生看长远,笑到最后的,才最甜。

你的大朋友:窦桂梅
2018 年 5 月 1 日,北京

敬爱的窦校长：

您好！

时光飞逝，我离开母校都快半年了，提笔给您写信时，我已是一名附中的少年，记忆却还留在毕业典礼的现场，那天您对我阅读的点赞，深深鼓舞了我。很怀念母校浓浓的书香氛围，怀念我的老师，和每一个畅快阅读的日子，那真是一段美好的时光。

敬爱的窦校长，我现在依然爱好看书，阅读已成了我生活的一种习惯，一个使命。进入初中以后，课业变繁重了，课外阅读对我来说是一种放松，它给我带来精神上的愉悦，更给予我前进的动力，非常感谢窦校长您教导我终身读书的理念，我想我会受益一生吧。

附中的图书馆，很雅致，馆藏的图书多样化，我常常放学后来这里打卡，也总能在这找到自己感兴趣的图书。最近我的阅读范围，从文学作品扩展到了科学、哲学类图书，《苏菲的世界》开启了我对哲学、对人、对世界最初的思考，《基因论》促使我又想去了解、去探究生命的密码，感叹生命科学如此神奇。文学类的书籍，阅读起来要轻松一些，最近我精读了《西游记》，并详细作了批注，明白了人要有锲而不舍的精神和高尚的境界。除此之外，我也每天阅读报纸，跟踪时事热点，了解一些前沿科学的发展状况和最新进展。在阅读的过程中，我逐渐理解了书籍对自身认识和修养的提升起到了十分重要的作用。

最后，再次感谢您教会我在读书中成长。您为学校的发展呕心沥血，每天忙忙碌碌，也祝您身体健康，愿我敬爱的窦校长永远美丽！

此致

敬礼！

您的学生：赵知远

推荐一本书:《怎样读书》胡适等　著

  这是一个老生常谈的话题,但是,关于怎样读书讲一百条道理都不如讲一个例子。这本书收录的是胡适、蔡元培、林语堂、王云五、丰子恺等众多名家关于读书的文章,也有大家谈读书的体会和经验,相信它可以帮助同学们更好地了解如何读书,读什么样的书,它也必将为你们提供必要的读书指引。

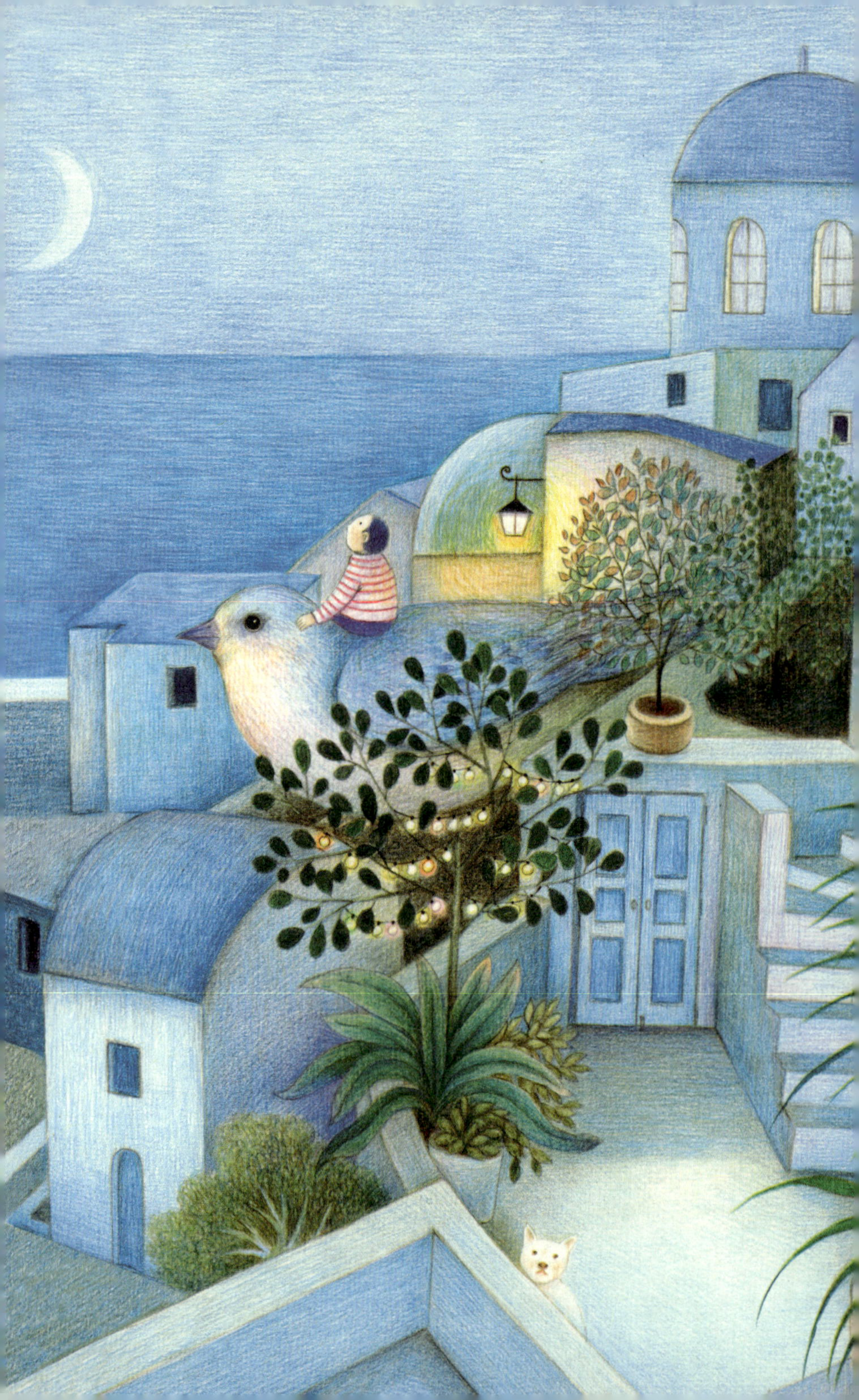

第六封信

The sixth letter

学习

学以为己
——长成我们憧憬的模样

学以为己的自己，并非是生来就有的那个自己，而是一个理想中的自己。

亲爱的窦校长：

您好！

感谢您对高段同学的关爱与期待！一转眼，我已在附小学习生活将近六年了，再过一个学期，我就要踏入初中，接着踏入高中、大学，然后踏入社会……

对于未来之路，我充满了期待，10年后、20年后，甚至40年后的我会是什么样子呢？将来，我又会做什么工作呢？

我希望成为一名导演，在舞台上绽放。而我第一次绽放，是在附小，那时的我还是一个羞涩的小女孩，在英语戏剧团里，从《安妮》到《善良的一家》再到原创剧《花木兰》……我发觉自己开始进步了，不再害羞，眼里闪烁起了光芒。但有时我也会迷茫，怎样让理想变成现实呢？尊敬的校长，真的非常感谢您能抽出时间来聆听我的心声！期待您的回复！

此致
敬礼！

您的学生：杨开颖

亲爱的同学：

小开颖向未来投去探询的目光,想要知道 10 年后、20 年后,甚至 40 年后的自己会是什么样,从事什么样的工作,我想你一定也一样,对未来充满想象,恨不得一步跨到未来。窦老师小时候又何尝不是如此呢?也许你想成为科学家、艺术家、医生,或者跟我一样当一个老师,又或者仅仅是其他行业中的普通一员,但也仍然拥有像花婆婆一样让世界变得更加美好的力量。那么今天的你,该为未来的自己准备些什么呢?这里我想说:学以为己。

荀子说"古之学者为己,今之学者为人。君子之学也,以美其身;小人之学也,以为禽犊",陆游诗中强调"古之君子,学以为己"……而后"学以为己"这四个字成为一代代学子汲汲以求的精神目标。这个"己"是通过读书学习"美其身",提高自己的修养,成就自己的人格。我们可以简单地理解,"学以为己"是说学习的价值:第一在于能够因学习获得令我们沉醉其中的快乐与挑战,第二在于能够因学习达成自我德与智的完美与和谐。

因此,亲爱的同学,学以为己的自己,并非是生来就有的那个自己,而是一个理想中的自己,是要通过修炼,让智识、修养、气质和身体都尽可能长成自己憧憬的那个模样。正如你,开颖,尽管现实中腼腆羞涩,但你正通过自己的努力与坚持,在一次次的戏剧舞台上克服胆怯,战胜自己。用我们成志教育的话说,成志少年要发展自己的兴趣,正视自己的缺点,同时勇于面对和挑战一个又一个难题,在丰富充实的学习生活中找到乐趣,甚至形成志趣,并将这一切付诸实践与行动,形成一种改变世界的力量。

这让我想起了清华附小 2012 届 4 班毕业生梁钧畅同学。他曾是班里的体育"困难户"。跑步"龟速",跳绳绊脚仅能跳两三个,实心球只能扔 4 米。班主任老师发现后与家长沟通。家长非常认同学校把"身体健康"当作基础素养的理念，和老师一起，想尽各种办法来帮助他。他呢，正确面对这份困难，制订了改进计划。于是我们看到，平日里，白天，他参加学校"每天体育三个一"；晚上，爸爸陪着小梁一起进行"俯卧撑挑战"，妈妈帮助坚持打卡。每一个周末呢，爸爸妈妈挤出时间带他去爬山、健走。没想到，暑假里，他还带动了爸爸妈妈，形成了运动共同体，跑步、投掷、10公里越野跑全家齐上阵。就这样，梁钧畅沉醉在各种体育活动里，他在其中找到了快乐，一种专注而忘我的快乐、一种坚持与挑战的快乐。不知不觉间，他的体育成绩终于达标了，还在六年级评上了海淀区的三好学生。

阳光、健康的男孩赵云琦是2011级少先队大队委员，也是我校国旗班的旗手。他全面发展，学有所长，获得"北京市三

好学生"称号。他对现代智能技术 AI 有浓厚的兴趣。当他在假期旅行中发现一些野生动物会在公路旁意外丧生时,一向乐观、勇敢的云琦非常伤心。于是他利用 AI 技术的优势,并结合自己在学校机器人社团学到的编程技能,设计了一套以保护野生动物不被公路上快速行驶的交通工具致伤的人工智能系统,他提出了利用大型野生动物身上的电子标签进行定位,通过人工智能在其出现在公路附近时给司机发送提示信息的方案,更好地保护那些可怜的野生动物。赵云琦在学习和探索中不仅成就了自我,也让附小的爱和温暖传递到四方。

除了毕业生,窦老师还想谈谈新同学,清华大学附属小学 2018 级新同学李由的故事。暑假里,李由同学接到了清华附小的电话邀请,小小的他眼睛里充满了好奇:"小学什么样?老师会喜欢我吗?我会在学校里交到新朋友吗?"而当爸爸妈妈把他领进清华附小的校园,他亲眼见到了这座书香校园、人文家园、生态田园、儿童乐园,华宇池中的鱼戏、童荫乐园的鸟鸣、丁香书院的夕阳都让他着迷。更有意思的是,六年级已经毕业的哥哥姐姐们亲手把入学通知书送到他手里,留影,并送上嘱托和祝福——看到眼前穿着紫色的校服、戴着鲜艳的红领巾微笑的哥哥，他高兴得跳了起来，"我也要像大哥哥一样，快快长大！快快长大！"

回家后，他骄傲地告诉身边的小伙伴说："我喜欢清华附小，我马上就要到那儿上学啦！"整个夏天，小李由就成了清华附小的代言人。他早早就备齐了附小的校服，时常穿在身上对着镜子，学着哥哥姐姐的样子，练习规范的坐姿，昂首挺胸地齐步走；他按照老师的建议，跟爸爸妈妈一起制订丰富多彩的暑期计划，用小学生的作息时间严格要求自己；他把学校赠送的写着"成志少年"的紫色书包放在床头，每天睡觉前，都要背着小书包，问妈妈一句：还有几天才能上学呀？你觉得我能当好清华附小的学生吗？相信带着这样的期待走入小学，同学们一定能够心向光明、完成学业、成就梦想。

还有你，开颖，纵然无法想象10年后甚或40年后自己是什么样子，但我知道，你正在努力，不畏困难，刻苦坚持，向着演员梦和导演梦迈进。当然，还有许许多多像你，像梁钧畅、赵云琦、李由同学一样沉浸在学习乐趣与意志挑战中的成志少

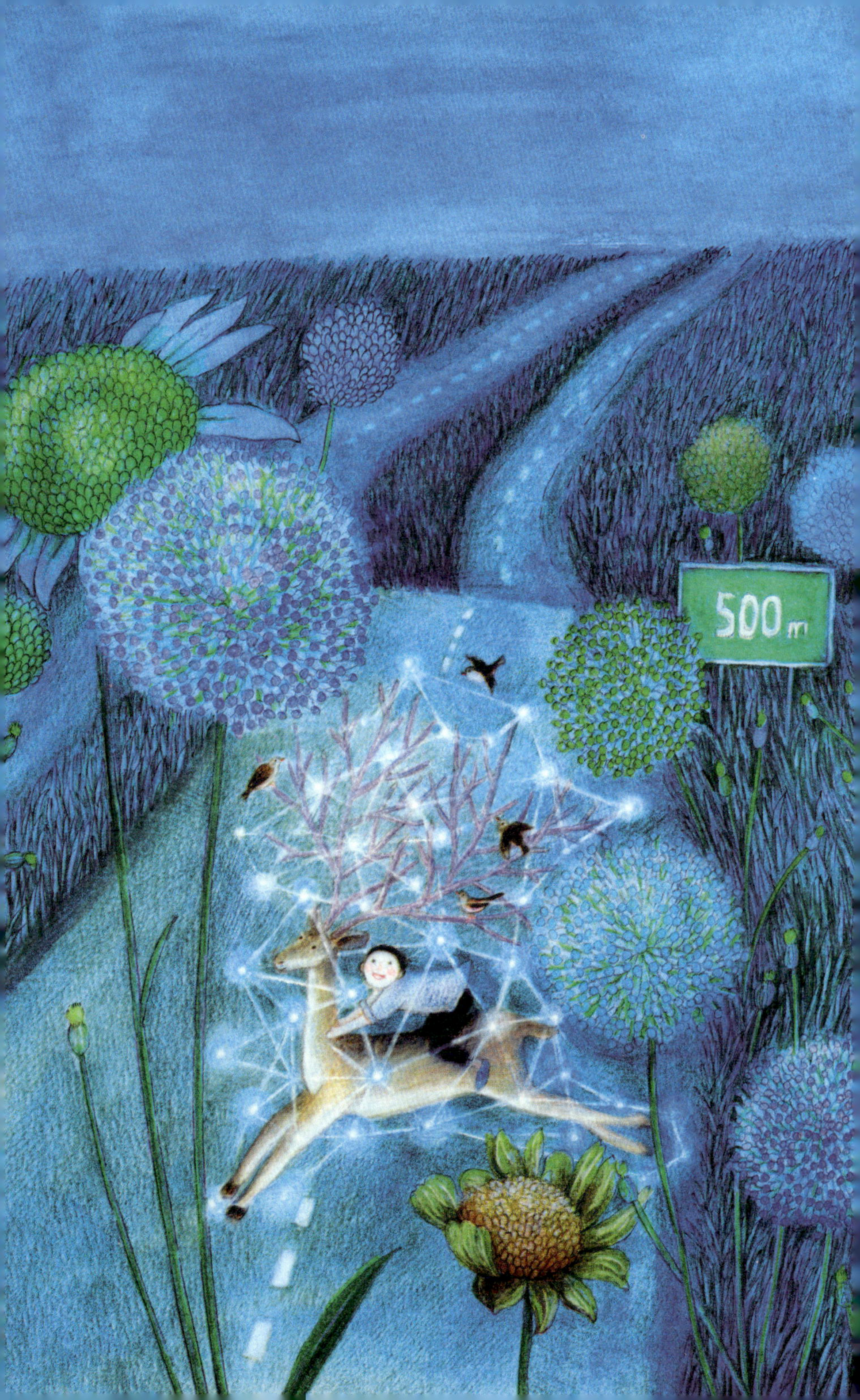
500m

年，他们正在清华附小这个美丽的校园里完成启程、知行与修远的三进阶成长，为不同学段成志少年做好充分的准备。不仅仅是附小的同学，读过窦老师信的所有同学们，你们都要在旅程中，既欣赏风景，又撷取收获，不断地去寻找、体会、享受学习的快乐，更要修炼自己的意志品质去对抗学习中的艰难与惰性。时时问自己，未来的你会实现自己的小小梦想吗？我们的社会、我们的国家会因为你的小小梦想变得更好一点吗？

亲爱的同学，尽管你们来自不同的家庭，但你们拥有一个共同的名字——新时代的弄潮儿。面对40年来的收获、40年后的期待，我们总要奔跑、我们总要成长。所以从现在做起，让我们所有人承担起应有的责任。窦老师希望亲爱的你们能够珍惜韶华、学而不厌，用知识来"修饰"自己，克服无知、固陋、傲慢、怠惰等人性的原罪，让自己精神的面目和灵魂的面目更清晰一点，让我们成长为自己憧憬的模样！

你的大朋友：窦桂梅

2018年6月1日，北京

亲爱的窦校长：

近来一切都好吗？还是那么忙吗？一定要注意身体。毕业离开母校有一年多了，非常想念您和学校的老师们，想念我曾经最喜爱的童荫乐园和华宇池。

附小的精神一直陪伴着我，激励我不断学习探索，成为更好的自己。我从小学起就特别喜欢科技创新，并坚定地走在这条路上。初一年级，我作为初中学生的代表，参加清华大学汽车系面向本科生举办的"芯动计划"冬令营、清华大学与日内瓦大学SDG暑期学校、USAP美国学术五项全能比赛、世界青少年人工智能大赛，在这些项目展示和比赛中，我得到了很好的科技创新思维的锻炼。我用自己制作的孤独症儿童辅助教育机器人为孤独症儿童进行了多次的治疗。这一年，我获得了北京市科技创新大赛一等奖、北京市学生机器人智能大赛First科技挑战赛二等奖、海淀区少年科学院小院士称号等。初二年级，我又开发了一款功能不同、更加亲民的孤独症儿童辅助教育机器人，也在北大六院的治疗过程中受到了一系列好评。就在今年10月，我在世界青少年发明展中获得了最高奖——"世界青少年发明展金奖"。

除了科技领域，升入清华附中以后，在附小锻炼的健康体魄和阳光乐学的精神使我在体育和学习上都更上一层楼。我获得了校运动会的百米冠军，学习成绩在班里一直名列前茅。老师和同学们都非常认可我，我获得了海淀区三好学生、海淀区优秀学生干部称号，还担任了校级社团"飞跃车队"的主席，并获得了校级社团"启迪奖"。

其实初一刚一入学的时候，我曾经怀疑过自己，小学期间没有学过奥数，没有上课外班，自己到底还能不能保持学习上的优势。但是，很快我就发现，母校给予我的"学以为己"精神是多么重要，它时刻帮我校正求学的目的，在一时的困境与低谷时不至于茫然失措，而是把每一次奋斗当作打磨自我的机会，让我有源源不断的勇气和毅力战胜各种困难，最终成为最好的自己。

哈哈，不知不觉我说了这么多，最后祝您身体健康，工作顺利，适当给自己放个小假，放松一下。

此致
敬礼！

爱您的学生：赵云琦

推荐一本书:《吹小号的天鹅》(美)E·B·怀特 著

这是一只生下来就不能发声的哑天鹅,名为吹号天鹅而发不出声音,麻烦就大了。等到有了心爱的天鹅小姐,也无法像所有其他天鹅那样用洪亮的声音求爱。小天鹅却没灰心,先是进学校学会了读和写,接着为了学习小号,吹奏出好听的曲子来,它把右趾蹼割开。付出了巨大努力后,最终成为美国小号演奏家路易斯·斯特朗第二 ——它也叫路易斯。路易斯用它的小号声赢得了天鹅小姐的爱,带着天鹅小姐回到爸爸那里,然后一起到它的出生地——加拿大人迹罕至的沼泽地生儿育女……

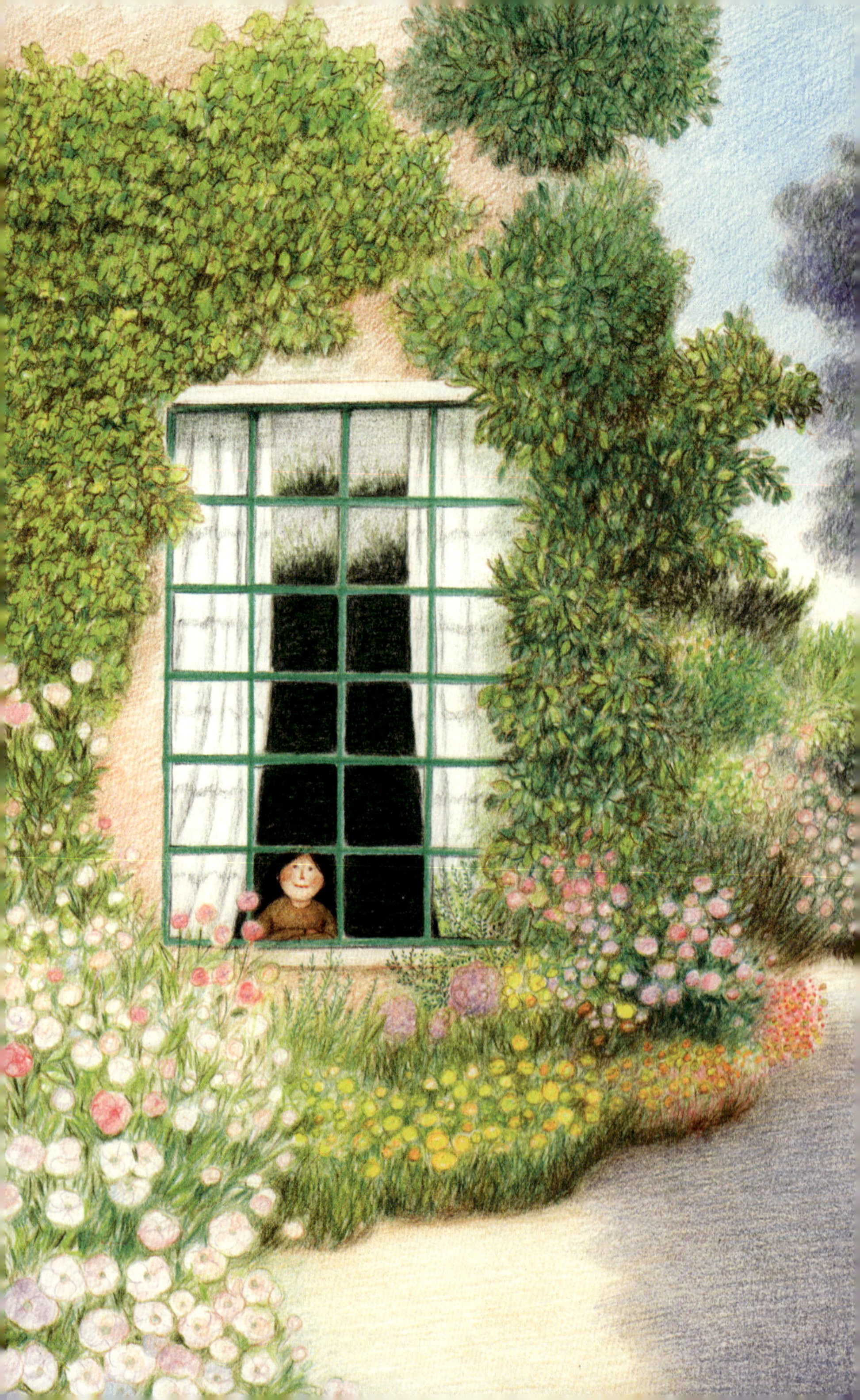

第七封信
The seventh letter

审美

慢慢走,欣赏啊

在生命的两旁，随时撒种，随时开花，
将这一径长途点缀得花香弥漫。

亲爱的窦校长：

您好！

那件事您肯定不记得了，我却永远无法忘记。在我一年级时，曾经送给您一幅我的画，画的是我家一盆青翠的小草，当时，我把画递到您手中，您带着慈爱的微笑对我说："我希望你就像这株小草一样健康成长！"我永远忘不了这句话，也忘不了这幅画，因为正是它，把我带进了艺术的大门。我每天都坚持画画，后来，我参加了美术社团，又担任了班级的宣传委员，那株小草一直都在我心中飘荡着。可在学习艺术的路上我越来越迷茫，特长生取消了，对于小升初没什么作用的艺术类学习还要坚持吗？

此致

敬礼！

您的学生：张网月

亲爱的同学：

张网月的困惑是不是你的困惑呢？如果也是，窦老师就想和你谈谈一个新话题：什么是美？

话题太大，我担心自己把握不好，毕竟这个话题柏拉图谈过，康德谈过，蔡元培谈过，王国维谈过，朱光潜谈过，朱自清也谈过……古往今来多少哲学家、思想家、文学家都谈过，而我只是一名小学教师，一个即将做姥姥的人，关于美我能絮叨出什么呢？

说实在话，我讲不出高深的道理，但我有对你们最深切的爱，这种爱让我有种紧迫感，想和你们分享我眼中和心中的美。我知道你们忙着上书法课、绘画课、古筝课、二胡课、钢琴课、小主持课、朗诵课、舞蹈课……课程多得我都数不过来，忙得你们团团转，家长们或许还抱有功利的侥幸，希望这些艺术课程可以为你们的升学加分。可是亲爱的孩子,你们要知道这些课程本来指向的并不是加分,而是"美"啊!

那什么是美呢?

"美"字从羊从大,关于这个字的解读众说纷纭,有人说,羊大,味道非常甘醇,这儿是美食美,更是生活的滋味美;有人说祭祀时装饰着羊角载歌载舞的仪式美,在手之舞之、足之蹈之的庄严中完成礼乐的教化,这是艺术美;有人说美是"国土辽阔、人民驯顺",面对这样的人民和江山,帝王由衷地感慨,这儿美的是河山,是心系天下的情怀,是对美好生活的渴望。

从创字之初,到后世绵延不绝,这些美的基因深种在我们的文化血脉中,在我们的传统文化中,有一首首关于美的赞歌。巍峨山川、茂林修竹、曲水流觞、浩瀚星空、广袤海洋是自然对人类美的恩赐,更是不同风骨、不同性情的表征。李白看见巴山蜀水,发出"蜀道之难,难于上青天,使人听此凋朱颜"的感叹;《乐记》中记载:"德者,性之端也;乐者,德之华也。金石丝竹,乐之器也。诗,言其志也;歌,咏其声也;舞,动其容也。三者本于心,然后乐器从之。"音乐、舞蹈、绘画、书法、文学作品等领域,每一领域都有其独特的美的内涵;在这些美的样式中,还蕴含着丰富的人文哲理,如庄子"物我两忘"的创作意境,孟子"养浩然之气"的人生格言,董仲舒"天人合一"的哲学追求,范仲淹"先天下之忧而忧,后天下之乐而乐"的爱民情怀。

虽然传统文化"美"的内涵是如此丰富,但我们对审美作用的认知其实长时间是停滞不前的。无论是音乐、舞蹈,还是书法、绘画,甚至是文学作品,它们相对于"经世治国"来说都是小道,纵然你动听如李龟年,袅娜如赵飞燕,豪放如李白,你仍旧是个弄臣,难以成就"史家之绝唱",这些小道最大的作用是娱人娱己,培养个人情趣,获得心灵慰藉,审美一直是极其个人、极其小众的选择。

直到民国初年,经梁启超、王国维、蔡元培等大师之手,我们才更加全面地认识到美育的作用。梁启超慧眼如炬,把美育上升到改造国民性的地位,他在《新大陆游记》中指出,中国的各种政治运动之所以很难取得真正的成绩,在很大程度上是因为我们中国人存在严重的精神缺陷,其中最耐人寻味的一点是"缺乏高尚目的"。而所谓的"高尚目的",就是要有一种超越个人生存时空的追求,即对于真善美的追求,尤其要有一种对于"美"的纯粹追求:"凡人处于空间,必于一身衣食住之外,而有更大之目的;其在时间,必于现在安富尊荣之外,而有更大之目的。"在梁启超看来,正是由于我国民缺乏这些超越性的精神追求,尤其是缺乏对"美"的自觉探讨,"故其所营营者只在一身,其所孳孳者只在现在",整个民族的精神必然陷入"凝滞堕落"。

国学大师王国维对美育也有自己独特的认识,他在《论教育之宗旨》一文中写道:"教育之宗旨何在?在使人为完全之人物而已。何谓完全之人物?谓人之能力无不发达且调和是

也。……完全之人物不可不备真善美之三德，欲达此理想，于是教育之事起。"王国维看到了审美超越于功利、道德的终极价值，看到这种非功利性对人的精神境界的提升作用，强调的是美育对于扩展胸襟、陶冶情怀的独特作用。

真正把美育作为教育方针进行系统阐释和推行的是蔡元培。1917年蔡元培提出"以美育代替宗教"的主张。在他看来，"纯粹之美育，所以陶养吾人之感情，使有高尚纯洁之习惯，而使人我之见、利己损人之思念，以渐消卒者也。……美之为普遍性可知矣。"

大师远矣，将近一百年过去，社会上对于美育重要性的认识已然成为共识。所以老师们反复强调培养你们的审美情趣，家长们急吼吼地送你们上各种艺术班，但是随着窦老师接触的孩子越多，发现问题也越来越多。有的家长还能想到孩子的将来，有的家长其实只是为了孩子小升初有更多的证书，他们逼着孩子学自己并不喜欢的乐器，带着孩子考这个级那个级，让孩子参加各种活动拿证书，对艺术技巧的追求、对荣誉的渴望让很多大人和孩子疲于奔命，唯独忘了做这些事的初心。我们学习的初心是什么呢？是美啊，是发现美的能力、欣赏美的乐趣、培养美的人格、成就美的情怀。

我想请你听窦老师讲一个故事，这是抱着舞蹈鞋睡觉的门鹭彤的故事。

清华附小 2017 届毕业生门鹭彤，自小就喜欢跳舞。从小学一年级开始，就走进了学校舞蹈团，2000 多个日子，不论刮风下雨，寒冬酷暑，她始终因为对舞蹈的这份热爱而坚持到团里刻苦训练。她家离学校很远，为了练早功，她每天天蒙蒙亮的时候就起床了，把舞蹈鞋系在书包上，一路奔跑着上学，她总是盼望着自己是第一个到舞蹈团训练的学生。

一二年级的时候，在团里，她一点儿也不打眼。长得黑，干瘦，个子也不高，别说在舞蹈团漂亮姑娘多的地方，也许在班级里，她也是长得很普通的一个，并不是我们印象中长得好看、身材比例又好的跳舞女孩的样子。凡是跳过舞的可能都知道，舞蹈教室三根把杆，中间是最好的学生用的，靠窗户这边是第二档学生用的，"老弱病残"靠在钢琴这边的把杆。门鹭彤起初就在最靠近钢琴的这根把杆旁。她内心渴望着换一根把杆，哪怕

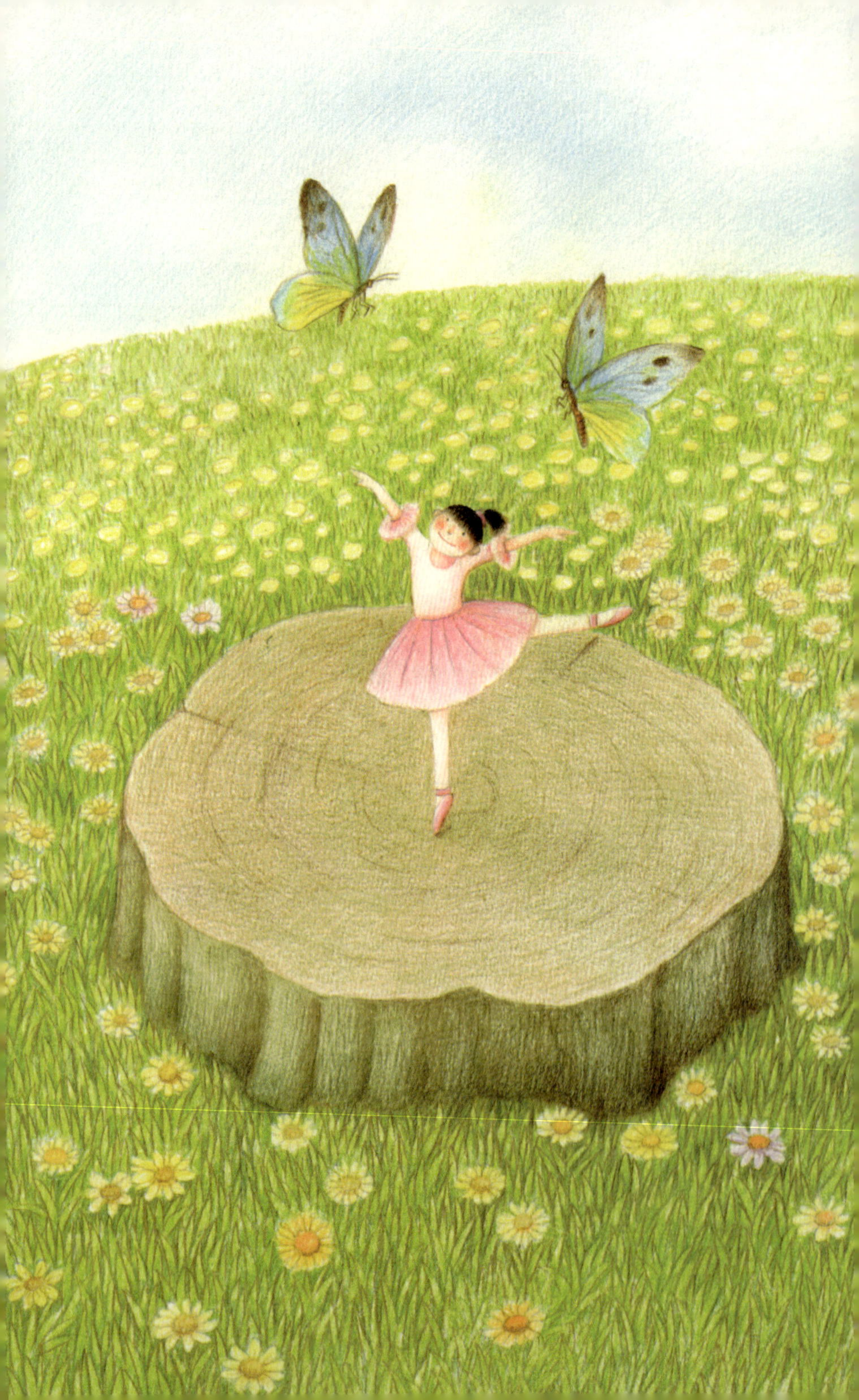

靠窗户的那根。有一次训练,她偶然站在了中间把杆,但刚做了几个动作,就被老师叫过去,让她换一个把杆。又做了几个动作,就被叫到钢琴旁边的把杆了。门鹭彤心里难过,低下头,眼泪和汗水一起滴下来,落在舞鞋上。但她并不气馁,她牢牢记住了《丑小鸭》的故事,就像丑小鸭喜欢在水里游的感受一样,她纯粹地享受跳舞,跳起来就是她最快乐的时刻,她相信有一天她一定能成为舞台正中央的"白天鹅"。

要说低年级时,因为兴趣,还能在舞蹈团跳着。等在舞蹈团练了两年之后,更令人难过的事情来了,原来,她不仅不具备好的外形、比例,她的韧带还不好。常常是今天压下去的腿,明天就回去了,好像有意跟她作对似的。看别的同学轻轻松松地压腿、下腰、开胯、绷脚背……而她却做不到。为了让开胯变得轻松些,她让同学扶着把杆,轻轻站在她的两个膝盖上,再慢慢往下一点点踩下去。那种疼是柔韧性好的同学难以想象,难以体验,难以忍受的。她咬紧嘴唇,调整呼吸,一点点适应,一点点舒展……

这一跳就是六年,这一跳从不合格到卓越,这一跳,从技术升华到了艺术,这一跳,就把自己的身体和精神雕刻成了一道风景:什么后桥脸、前桥、后软翻、单手侧手翻、前桥脸、元宝跳、紫金冠,甚至连续双飞燕的动作,以及空中劈叉、双人舞高把位托举的成人动作都不在话下……这一跳,就获得了中国舞等级考试九级证书。当了舞蹈团的团长后,她带领队员从独舞的娇艳,到领舞《飞》那只小鸟的"肢体柔软",到《黄河》抖腕的力量,《茉莉花》的唯美舒展,到芭蕾舞蹈《保卫黄河》腾空三米的跳跃,到藏舞《新学校》令北京专业评委惊叹,这个领舞的学生是否藏族的追问。她把清华附小的舞蹈带到了英国、澳洲、法国等世界舞台上……

她热爱舞蹈,反过来,舞蹈更点亮了她。这股子面对困难,迎难而上的韧劲儿,牵一发而动全身,传递到生活和学习的方方面面。如今的她,因热爱舞蹈,不仅有了审美雅趣,也赢得了身心皆健康,因每天锻炼,身体越来越好,成了班级女足的前锋,更是运动会上的主角。她心地善良,阳光爱笑,身为舞蹈团团长,大小事务都能操心,善于和团员合作,愿意帮助小团员,共同进步。就连在班级评选"最受喜爱女生",得票最高的也是她。同时,她也善于学习,是清华附小"卓越学生",她还是公益服务组织"梦想之队"发起人之一,她和班级里的几个同学,一起创立了"梦想之队"公益服务团体。多年来,义捐、义卖、义演……为内蒙古、云南等贫困地区的小朋友送去温暖。

就这样,这个抱着舞蹈鞋睡觉的女孩,她把舞蹈当人生,纯粹优美,有着沉淀的优雅与飞腾的力量。舞蹈成就了她,成为她站立世界的姿态。

回顾对门鹭彤的教育,我自身也受到了教育,这个案例提醒我们美育可能的实现途径。美是开在每个孩子心底的花,只要她有这份热爱,我们成人所应该给予的就是尊重,不要带着一颗功利心进行自以为是的修剪,就像这个故事中的门鹭彤,外形没有限制她对舞蹈的热情,大脚丫也能跳起美丽的芭蕾。我们成人所做的就是尊重孩子的选择,呵护孩子心中的火花。

另外,美育一定不仅仅是技巧的传授。很多家长让孩子学习艺术,仅仅一味追求技艺的炫目,而忘了丰富的情感才是艺术的源头,内心有片汪洋大海,艺术学习才会有源头活水,继而才能在生活中获得发现美、感知美的能力。这样的美育还有塑造人格的力量，门鹭彤个体的精神结构首先使其内心有一个始终向往的理想与抱负，其次是让其有为追随舞蹈的志向而拼搏的意志和品质，最后是促其不断付诸努力的实践和行动。在这如琢如磨的历练中，美育追求的不是奖杯和荣誉，而是在秩序的学习中超越秩序，让表达、创造、意志品质的塑造成为可能。

其实，整个故事中最感动我的，还是门鹭彤从舞蹈中获得的快乐，那是种纯粹的快乐，由美自然生发出来的快乐，这种快乐让我想起冰心的话："爱在左，情在右，在生命的两旁，随时撒种，随时开花，将这一径长途点缀得花香弥漫，使得穿花拂叶的行人，踏着荆棘，不觉痛苦，有泪可挥，不觉悲凉！"这真的是艺术的力量，美的力量。人生本就不易，能在短暂的一生中获得这种快乐是何其有幸！

所以，窦老师要告诉你：亲爱的孩子，人生的路很长，要慢慢走，欣赏啊！

你的大朋友：窦桂梅

2018年7月1日，北京

尊敬的窦校长：

您好！

您还记得我吗？一个抱着舞蹈鞋睡觉的女孩——小门。如今，我来十一学校已经三个学期了，多少次，在做题累了的间隙，我又回到了清华附小，回到了我的舞蹈教室，回到了那根把杆……

记得毕业时，我错过了特长生考试。本来信心满满的我，忽然感到自己的天黑了。看到同学们各自稳稳地有了中学的好归宿，我的心里落寞极了！亲爱的您，窦校长，是您一遍遍联系适合我的学校，推荐我，把我的材料一次次推送给李希贵校长，为我的成长传出下一个接力棒！当您告诉我，我可以去十一学校试试时，我有多么惊喜啊！我的父母也没有想到，一个校长，会惦记着她的每一个学生，想着学生的现在，还想着我们的将来。

如今，我如愿考入久久期盼的十一学校，在这里的舞蹈团继续着我的梦想。来到中学后，学业压力比小学大了很多，但现在，我已经适应得很好。这并不是说我没有遇到困难，而是我总能带着清华附小"成志教育"的芯片迎难而上。不瞒您说，我在几次考试中，语文成绩名列前茅，但数学成绩不尽如人意。我静下来冷静地思考：回忆起小学时候舞蹈团的把杆，那么落后的自己，那么不听话的韧带，那么难以忍受的疼痛……我相信面对数学的暂时落后，再努力些，自己一定可以！

"面向个体"的十一学校历来有"导师制"，为每一个学生私人订制。我的导师正好是一个数学老师，她说她看到了我身上与众不同的刚毅坚卓。在老师的帮助下，我一点点努力，调整数学的学习方法、练习策略，现在我已经迎头赶上。对我来说，这又是一次磨砺和证明，就像当初怀抱着舞鞋，坚持着梦想，努力，再努力，终有点燃梦想的一天。

清华附小，那个最初的地方，那个最初的梦想，那份最初的努力，变成了我生命的一部分。

现在想来，是清华附小我的母校给了我一根把杆，给了我一个舞台，让我热爱舞蹈，反过来，舞蹈更点亮了我。感谢亲爱的您，感谢亲爱的母校，"审美雅趣"已经融入我的精神之中！

此致
敬礼！

您的学生：门鹭彤

推荐一本书：《海蒂》（瑞士）约翰娜·斯比丽　著

  美的环境有塑造人格、陶冶性情的力量，就像故事中的海蒂，虽然生活在贫穷的环境中，父母双亡，阿姨、爷爷也不愿接纳她，但阿尔卑斯山区湛蓝的天空、飘动的白云，滋养着海蒂，使得海蒂天性中最美好的一面得以保存。她热爱生活，热爱自然，助人为乐，对别人充满了爱和关心，最终，她周围的人都因为她而获得欢乐。故事很美，美在自然，美在人物，海蒂的笑容可以融化世上一切坚冰，让人心生灿烂……

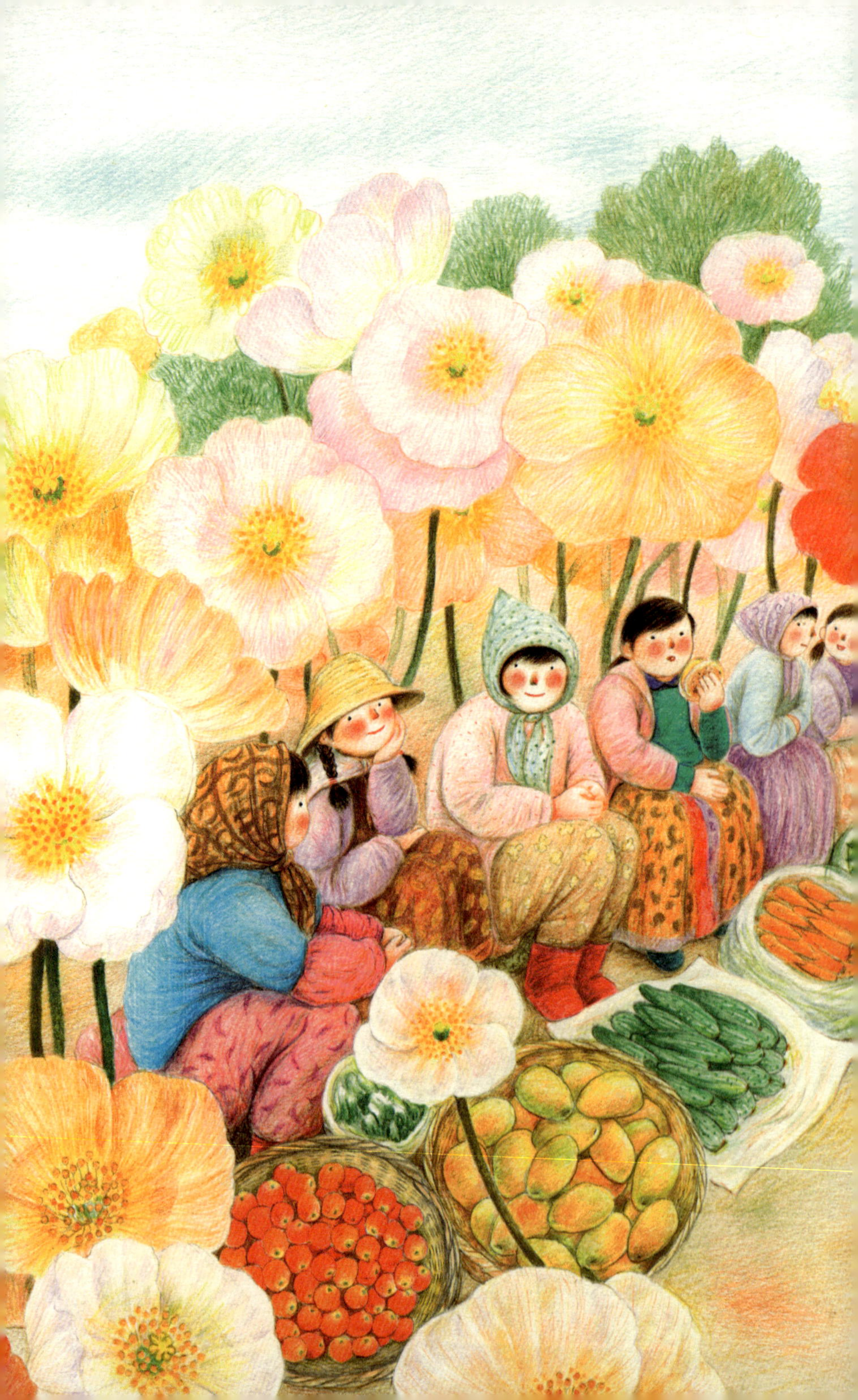

第八封信
The eighth letter

公益

生命需要给予的温度

温暖别人，也温暖自己！

亲爱的窦校长：

您好！2019年将是母校的100+4岁生日，转眼我在清华附小的时间也已经有六年之久了。在这六年的时光里，我留恋校园里的景色和每一个角落，但这所学校给我最深刻的印象是让我体会到了成志少年红色的公益情怀。

在附小这所学校中，每个班的同学们都要在寒暑假进行一次公益活动。记得上次，我们班去了敬老院，在春节来临之际为爷爷奶奶们送上春的温暖，新年的祝福。但是我觉得一年两次的公益活动是远远不够的，亲爱的窦校长，希望学校能把"一项公益活动"的"一"去掉，组织各年级多次外出参加敬老院等持续性的公益活动，您看行吗？

愿附小的红色公益永远流传，让公益的真谛打动每一代清华附小人！

此致

敬礼！

您的学生：雏子和

亲爱的同学：

　　说起"公益"，你一定不陌生，就像同学们每年参加的图书义卖，像雒子和同学信中提到的去敬老院送祝福，像很多班级组织的与贫困山区儿童手拉手活动……静下心来思考，"公益"到底是什么意思呢？这恐怕是一个难以回答，同时又模糊不清的大问题。在窦老师心中，公益并不特指物质上的捐赠与帮扶，学校倡导的"一项公益"中的"一"也不仅仅是一次活动，而是指向一种情怀，一种素养，它是一种精神，即服务他人的潜意识的自觉行为，是一个人一生中持续、自发的行为，这种行为有助于自我价值实现以及自我人格建设。通过公益行为，我们知道如何服务于他人，实现共同的精神超越。

　　说到这里，窦老师不禁想起了一句话："温暖别人，也温暖自己!"说这句话的人叫胡晗,一个很普通的人。在回答别人问他为什么要花费那么多的时间和精力,去帮助那些与自己毫不相关的人时,他说出了这句温暖的话!

2013年,胡晗18岁,达到可以献血的年龄。自那一年开始,胡晗自律性地坚持每年献血1至2次,但胡晗知道,仅靠一个人的力量献血是远远不够的,与此同时,他学会了如何更好地帮助他人。所以从进入大学开始,他的目标就很明确——加入校青年志愿者服务队,号召更多人加入献血志愿者的队伍。经过不懈的努力,到目前为止,胡晗和他的团队已经带动了500余人参加无偿献血,献血量达到12万毫升。"炽热的血液,是我们最好的礼物。"胡晗和他的伙伴们说。

胡晗的所作所为恰如他的话,温暖了别人,更是挽救了别人的生命,这已经不能仅仅用"温暖"两个字来形容了。生命是最宝贵的,我们每个人只有一次生命。我们每个人都希望爱护好自己的生命,享受生活的快乐。可就如"月有阴晴圆缺,人有悲欢离合"一般,人吃五谷杂粮,一生中不免会得大大小小的病,在重病面前,第一时间维护人的生命就至关重要。这

不仅需要我们自身的努力,更需要社会的关爱。胡晗的行为给了我们基本的答案:就是尽自己的能力挽救他人的生命,这是崇高的行为。

窦老师想跟你说,这个世界上有很多事情可以一个人去完成,但是有更多的事情需要大家的通力合作。胡晗觉得凭自己一个人的力量远远不够,所以号召更多的人参与到志愿献血中来,他这样想了,也这样做了。毫无疑问,这是一件十分有意义的事情。窦老师想告诉你,公益行为不仅仅只是个人帮扶救助这么浅层,更多的是一种号召力,一种榜样的力量,一种带动更多人自觉服务他人的意识。我们也可以尽自己所能去帮助和温暖别人。你看,胡晗以他自己的行动唤

醒大家的自觉服务意识,吸引到更多的人以他为榜样加入进来,他的队伍越来越强大了:炽热的血液,是贡献给这个社会最好的礼物!这话多么好,多么温暖人心。做好事不需要求得回报,努力将温暖别人变成常态的自觉行为。但实际上,当我们做了好事时,我们也会有所收获,因为温暖了别人,也温暖了自己!

胡晗这种懂得如何更好地服务他人的思维是我们现在很多孩子所欠缺的。这也是我想要和大家探讨的核心话题之一。当今社会上这种服务他人、温暖他人的自觉行为少之甚少。内心浮躁,多一事不如少一事,不愿施予援手,事不关己高高挂起,把他人的帮扶当作理所当然等社会现象比比皆是,我作为一名有着多年教书育人经验的人民教师为之十分担忧。我时常在反思中自省：我们的教育该如何走好下一步啊！

我先从一个故事说起：这是一则发生在今年高考时的新闻，深圳一位交警暴雨中送高考生赶赴考场并提供雨衣，不巧的是，考生的衣服还是湿了。家长不但没领情，反将交警投诉，要求辞退他……像新闻中的家长一样，如今的很多人早已忘记感恩内省，而将自以为是与理所应当成了生存法则。他人对我不好，我凭什么善待对方？我们习惯把别人当作假想敌，给自己设"防火墙"。稍微不满足不顺心，就抱怨不止，甚至怨恨丛生，仿佛全世界都亏欠他的。亲爱的孩子，窦老师一直秉信一点，要相信主动帮助他人的力量，这力量不仅带给他人温暖、勇气，也让你感受到付出与奉献之后的喜悦。它不只暖了别人，也温暖了你自己。

这让我想起了我们附小的爸爸妈妈们，他们在每日的校门值周、图书馆志工，每周末的亲子阅读，班级里的家长课堂，一年一度"马约翰足球联赛"，每个月的主题实践活动中自觉承担公共责任。感动！想必是因为学校和家庭影响，我在门口值周的时候发现，附小的同学们会对保安报以微笑和鞠躬礼，在亲爱的同学，我们不能仅仅停留在自我认知的层面，还要有他人认知及集体认知，能够把小我融入大我，甚至达到忘我。我们应该让关爱与为善"内化于心，外化于行"，涵养成一种主动的自觉感恩他人、服务集体的行为，从举手之劳开始，让内心友善的种子生长成荫庇更多人的公益情怀，形成一种主动又互动的"改变世界的力量"。

由此，窦老师想起了"上善若水，水善利万物而不争，处众人之所恶，故几于道""居，善地；心，善渊；与，善仁；言，善信；政，善治；事，善能；动，善时。夫唯不争，故无尤"。善良是一个永不枯竭的井泉，具有跨越时空的恒久价值。窦老师希望同学们滋长你们的公德心，并最终积攒成你我的福德。

你的大朋友：窦桂梅

2018 年 8 月 1 日，北京

亲爱的窦校长：

您好！

我是2018届毕业生赵嘉君，时间过得飞快，转眼初中的第一个学期就要结束了，可是在附小学习生活的点点滴滴，就如同发生在昨天，历历在目。非常感谢您在这6年里对我们的照顾与培养。

我记得在小学阶段，您非常鼓励我参与公益活动，在我完成了学习任务的情况下总是为我提供更多践行公益的机会，还授予了我附小"公益小大使"的称号，激励我不断进步。写对联、帮扶偏远地区的同龄人，这些经历让我懂得生活的艰辛，乐于分享，乐于付出，愿意凭借自己的绵薄之力让这个世界变得更好。我就这样一步步慢慢成长，践行着成志少年的责任和担当。最让我难忘的是，在毕业之后，您还邀请我回到母校为新入学的学弟学妹以及新生家长分享公益成长路上的心得体会。记得站在舞台上的那一刻，我内心既紧张又充满了骄傲和自豪。在我心里，附小不仅教会了我文化知识，更重要的是教导我给予和奉献，让小我变成大我。

步入初中，一切都那么不一样，学习一下子紧张起来，功课也更加繁重。老师不会再像小学的老师那样，帮我们安排好所有的事情，更多地需要靠我们自己去完成。虽说有一些难度，但在附小养成的良好习惯对我很有帮助。班里的同学也不都是清华院里的子弟了，他们来自北京各个地方，附小倡导的微笑、阳光、乐学、协作让我能轻松融入这个新的集体。我还参加了赛艇社团，选修了桥牌课，竞选上了学校学生会学科部的干事，最近参加了附中十大歌手的选拔预赛，等有好消息了我也会分享给您呢！

不过，我最想跟您说的是，虽然现在时间不像从前那样宽松，但我还是一直在坚持参加公益活动，因为附小培养的公益精神在我心中已经深深地扎下了根，每每想到自己的细微付出能帮助他人，还会有小小的满足感。

今年我同往年一样参加了"美丽童行"北京慈善晚宴，如今，我能参与的事情更多了，因为我多年的坚持，主办方工作人员知道我已经有经验，也放心交给我一些难度更大的工作。我非常高兴自己并没有因为更重的学习压力而放下一直坚持的公益实践。

您还是那么忙吗?身体还好吧!要多多注意休息哦!我以后也会经常回附小看望您跟张老师还有其他老师的,跟您和他们分享我初中的学习和生活!

此致

敬礼!

您的学生:赵嘉君

推荐一本书:《人类的群星闪耀时》(奥)斯蒂芬·茨威格　著

　　本书是著名作家斯蒂芬·茨威格的传记名作,共收入他的历史特写10篇,分别向我们展示了10个决定世界历史的瞬间:巴尔沃亚眺望水天一色的太平洋、亨德尔奇迹的精神复活,以及马赛曲神佑般的创作……

　　全书可以归为三大篇章:决定政治版图的瞬间、人类发现之旅和思想上的激荡。在书中,勇敢、顽强、敬畏、牺牲、求索的精神被郑重地高声赞誉,人类存在和进步的意义被茨威格用笔在群星闪耀之时反复颂扬。在重重的历史迷雾中,总有一些英雄人物站出来敢于挑战,敢于担当。

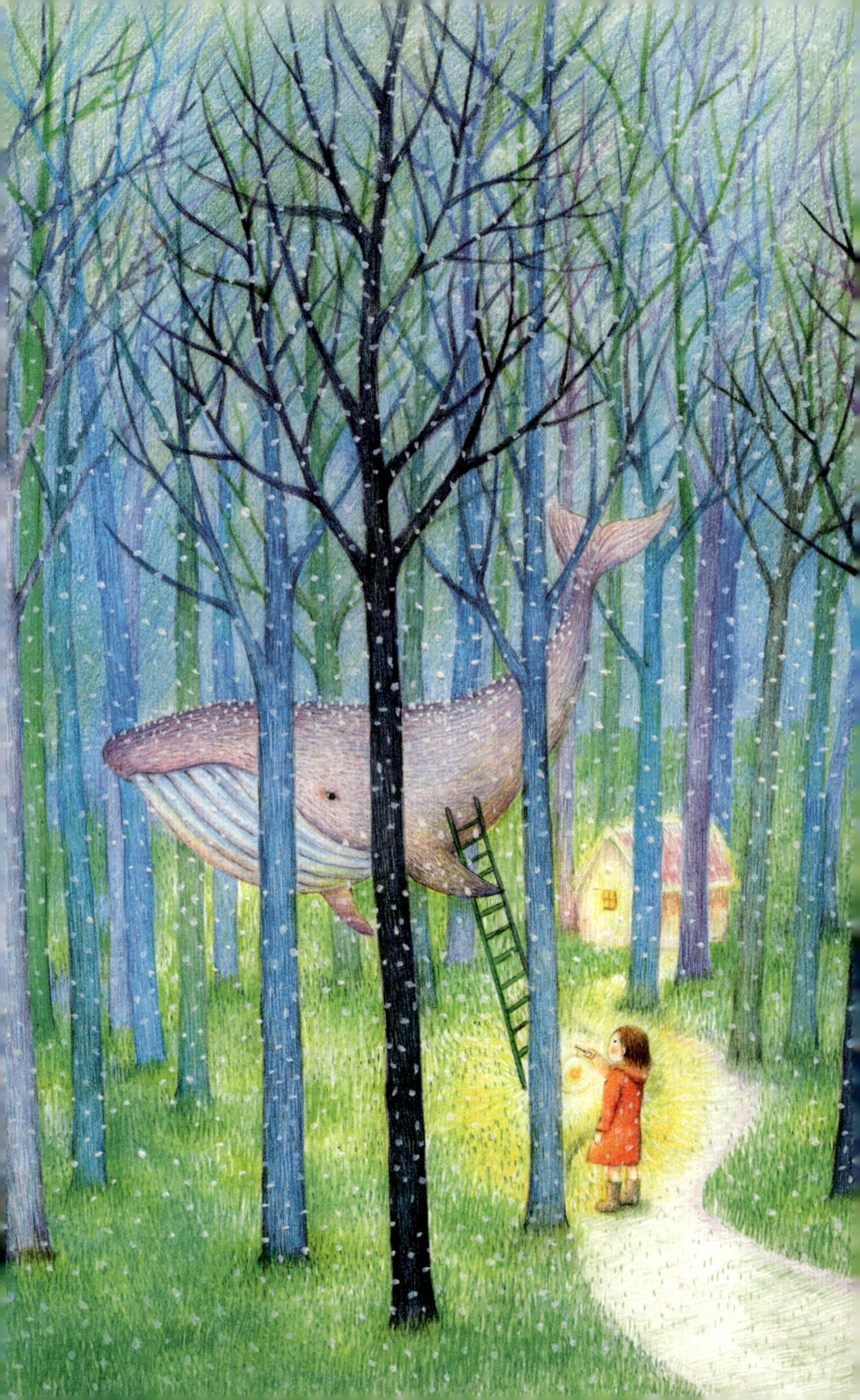

第九封信

The ninth letter

独立

孩子,独立是你最大的底气

路要靠自己去走，才能越走越宽。

亲爱的窦校长：

您好！

在附小的六年里，我成长了许多，进步了许多，更重要的是，我独立了许多。一年级的时候，我上学要家长接送，写作业要家长督促，睡觉也要家长陪伴，干什么事情都离不开家长。到了学校，您教育我们，要学会独立；遇到困难时，要自己克服。现在，我已经可以自己叠被子，自己洗碗，自己拖地、扫地，独立做很多事情。真心感谢您这六年来对我们的教育，希望您身体健康，继续教育下一代。

此致
敬礼！

您的学生：岳傲雷

亲爱的同学：

在窦老师的眼里，聪明的头脑不能决定一切，拥有独立的人格、坚韧不拔的性格才是成功的秘诀。正如居里夫人所说："路要靠自己去走，才能越走越宽。"所以，看到傲雷同学六年来的成长，窦老师为他高兴，也很欣慰，相信乐学、阳光、独立的他今后的人生之路也会越走越宽。

然而，并不是每个人都懂得独立对于一个人成长的重要性。一个朋友曾私信我，说她的孩子今年上小学 4 年级，暑假学校组织了短期的夏令营，这是一个非常好的锻炼机会，全家开心地帮孩子收拾好行李送到了学校，然后就开始了等待，期望回来看到一个懂事、独立的孩子。可是孩子一周后回来就哭了，而且绝口不提夏令营的事情，后来和老师同学了解才知道事情的原委。原来到达目的地后,老师让大家整理自己的衣服、床铺,他不会,每天也不懂得增减衣物,洗袜子、洗碗这些更是没有做过,整个夏令营自己感觉特别不好,也觉得同学都用奇怪的眼光看自己。借此,朋友很苦恼地问我孩子的独立性要怎么培养。

中国人把孩子看得很重,都是以孩子为中心,很多孩子养成了事事依赖大人的习惯。窦老师想告诉你:独立的生活能力现在看着是小事,其实对你未来的发展有着深远的影响啊!在电视上我们经常看到国外的孩子很小就会帮家里做简单家务,暑假自己赚零花钱。为什么外国孩子比中国孩子独立能力更强?窦老师认为中国最首要的教育目标就是让孩子学会独立。很多父母对自己的孩子过分地溺爱,从孩子小的时候就满屋子追着喂饭到长大之后要什么有什么。在孩子成长的过程中,都尽力地给予他们最好的条件,直到上了大学,都不能让孩子离开自己的身边,就近选择学校。父母的这种过分溺爱对于孩子来说是一种负担,让孩子失去了独立自主的机会。父母对孩子溺爱的过程中,导致孩子过分地依赖父母,无法走出父母对自己的保护。这种过分的溺爱就产生了我们所说的"巨婴"。

还记得多年之前曾流行的一幅漫画，画中的小女孩看到炉灶上的水烧开了却不知如何是好，只能大喊一声："妈妈，水开了。"时至今日，孩子衣来伸手、饭来张口的现象仍旧屡见不鲜，比如幼儿园孩子不会自己吃饭，小学生不会剥熟鸡蛋，初中生不会扫地，高中生不会使用煤气灶，虽有些匪夷所思，却并非稀奇古怪。而这些孩子，可能学习成绩优秀，可能擅长某些才艺，可能电子产品玩得比谁都熟练。

2016年昔日"神童"魏永康时隔十几年之后，再次成为人们热议的话题：13岁考上重点大学，17岁考上中科院硕博连读，却在20岁时因生活能力太差等原因，连硕士文凭都没拿到就被劝退。离开了父母就不能生存，让人惋惜。虽然这只是个案，但"窥一斑而知全豹"，其中所反映的道理却也不容回避：在某种程度上，学习不好不会死，没有才艺特长不会死，但如果缺乏自理能力，也许真的是"死路一条"。现在魏永康已经逐渐回

归到正常的生活，有工作，有家庭，时不时还能帮忙做点家务，但其母亲当初那句"你去死"的气话，或许让他至今仍心有余悸，这也给了中国许许多多溺爱孩子的家长和不重视独立人格培养的学校一种警醒。

而事实上，自理能力仅仅是独立生活的一方面。如何与陌生人打交道，如何合理支配自己的财物，如何照顾生病的亲友，如何理性对待"校园贷"，如何面对形形色色的诱惑与假象等，都是我们在生活中会经常遇到而又必须独立处理的问题。除此以外，个体的独立性还包括独立学习、独立工作等层面。

"滴自己的汗，吃自己的饭，自己的事情自己干。靠人靠天靠祖上，不算是好汉。"陶行知先生的《自立歌》语言朴素却颇具哲理，他所表达的独立观正是我们每个人的安身立命之本。亲爱的同学，学会独立，把一切当成自己的事情加以规划、付诸行动，并妥善解决各种可能出现的困境或难题，只有这样，

我们接受的其他的教育才不至于像无源之水无本之木一样缺乏根基，而这，其实是最首要也是最为现实的教育理念与教育需求。

有个故事也许有点极端，但确实发生过。这个孩子每天早上是不来上学的，因为他要睡到自然醒。自然醒的概念是什么呢？家长给出的答案是八点半到九点半之间。可是学校的时间安排是早上八点正式上课。无奈之下，班主任只得和家长坐下来谈一谈。谁承想，家长的态度也很明确：之前的晨诵不会参加，让孩子睡觉是家长的权利，但是如果孩子落课则是老师的错误。谈话并没有起到作用，这样的情况一直延续了一个学期。

在这中间，这个小朋友还曾经遇到过这样一件事情。在我们的趣味运动会上，上场前家长拿着水瓶，让他喝口水再去。孩子因为怕耽误班里的比赛成绩，并不想这样做。在家长再三的要求下，孩子无助地哭了。因为他不知道该往前跑，还是听家长的话喝水。真的，我替这位孩子惋惜，因为有这样的家长操控着他的人生，不知道孩子将来会成为什么样的人，但是有一点我很肯定，一定是一位没有独立灵魂的人。

前不久，宁波市实验小学举行了学生自理能力竞赛，不同年级的学生需要在规定时间内独立完成不同的任务。该校连续十年开展自理能力竞赛,看上去与学习"风马牛不相及",也不属于常规思维中的素质教育,似乎可有可无。但实际上,这种能力确实是当今许多青少年最为欠缺的,也是你们在踏入社会后最实用最基本的能力。

这不禁让我想起了我的女儿何松阳的成长故事:

如果说见了蜘蛛就会叫喊,是女孩子的特点,那么,我的孩子何松阳也不例外。不过,她在很小的时候就自己睡一张床。记得女儿三岁的时候,就教我怎么系鞋带,她的鞋带系得好,她的老师朴老师还专门在我面前夸过她。窦老师小时候穿的大多是母亲亲手缝制的鞋,几乎没有鞋带系,买鞋也不买带鞋带的,所以至今系不好鞋带。看着我的女儿每天早上蹲在那儿,那么认真,一丝不苟地系鞋带的神情,我是多么幸福啊。有人说,巧娘必有拙女,看来我的拙恰好成全了我女儿的巧。

包书皮是女儿自己学会的,刷牙是自己学会的,叠被子也是她自己完成的,甚至连骑自行车,也是自己学会的——有更多的更多,都是女儿自己学会的。我常常对女儿满怀愧疚,忙

碌的工作让我有时候忽略了她,但恰是在我的"忽略"中,她意外收获了一个人成长过程中最重要的品质:独立!在大多小朋友还没有离开"喂奶期"的时候,我的女儿已经独立了!我祝贺她,并深深地敬佩她。

  而且,人生的每一个阶段,她都能独立把握。就拿爱情来说,这是一个很私人的话题,只有当事人才能体会个中的滋味,我读过女儿的"诗",很美。这时,我就忍不住猜想,她是不是恋爱了?为了一种有目的"交流",我给她讲我的爱情故事,她听得哈哈大笑。笑声中,我俩紧紧搂在了一起。表情中,她懂得了我的心意。懂得,果子过早地摘下来一定不成熟。"暖冬"与"春寒"都是不正常的节气。她做到了让我省心并放心。一切的感情,女儿都能独自处理。要向女儿学习的太多太多。她比我平静,我的表情太丰富,她却很矜持,有些时候,她比我还更懂得,一个女孩的言谈举止该怎么体现出修养,等等。

  看过电影《养家之人》吗?11岁的小女孩帕瓦娜,和家人住在阿富汗首都喀布尔一桩被炸毁的大楼里。她的父亲原是一名历史老师,学校遭炸后,他健康受损,只能到市场去帮人读信和写信,以此挣钱养家。可是,即使是这样塔利班也不放过他,以"接受外国教育罪"逮捕了他。帕瓦娜一家顿时失去了生活来源。面对卧病在床的母亲、嗷嗷待哺的弟弟,帕瓦娜剪掉了长发,穿上了男装,独自去市场谋生,这位小小的勇士,正是这份独立让她坚守着哪怕一丝微光,勇敢、坚强地活下去。

作为你的朋友,作为过来人,在你即将走向成年的这一刻,窦老师还是要把有点"指点江山"味道的话,告诉你,并与你共勉:

要独立,但不要孤立——面对你"独立"的自理能力,我更愿意看到成为你进一步发展的综合"潜力",在独立中求索,学会合作,分享他人的快乐。"系好人生第一粒纽扣",亲爱的同学,在未来的旅途中,有许多未知,但不管怎样,窦老师希望你在未来的生命成长中,不忘时时问自己,是否拥有一份独立而自由的品格,哪怕寂寞,哪怕失败……

你的大朋友:窦桂梅

2018年9月1日,北京

亲爱的窦校长：

您好！

读了您的信，我终于知道您安排各种活动的良苦用心，在附小成长了六年的我，在这些活动中遇到了许多坎坷，但也在慢慢变得独立……

一二年级时的我，还是个长不大的娃娃，是颗不大的"种子"。那时的我，只要有点不愉快，遇到点困难就哭着闹着找老师。我记得您有时会来我们这里走一走，给我们竖大拇指。您来时，总会给我们念叨念叨言行得体，说说协商互让，渐渐地，我也懂事了……

来到三四年级，我明白了知行合一，自律自强。在这里，我"发芽"了，虽然不常见到您了，但我在遇到您时，仍会和您打招呼。您知道吗？我不再哭闹找老师了，会尝试寻找解决问题的方法了。每次解决问题时，我都会想到您说的"知行合一"。比如当朋友受伤，我会优先考虑她的情况——了解只是小擦伤，还是流血，再"对症下药"。当然，在我思考这些时，我也学会解决自身的问题。慢慢地，我有了更多朋友，在互帮互助时，我们一起自律，一起成长。

随着时光飞逝，我"住进"修远楼。五年级，我长成一个"小花苞"，我理解了您所说的修远成志。所谓修远，意味着眼光高远，目标高远。在这个过程中，我经历了许多困难：伙伴质疑、止步不前……还好，在我尝试迈过这些"坑"时，总会想到您说过的一句话："为聪慧与高尚的人生奠基！"

我乘坐的这辆列车，马上就要到达终点站了，遗憾的是，我不能乘坐第二次……不过啊，"列车长"请您放心，我没有白坐这一趟。在车上，我收获了坚固又浓厚的友情，丰富又有趣的知识……终于，我在您与其他老师的教育下，"开花"了！绽放得那么自信，那么灿烂！

总之，感谢您六年耐心的教导与不离不弃的陪伴，让我明白独立的意义。我很幸运来到附小,也很幸运在这里遇到您。

  此致

敬礼!

您的学生:郑佩忻

推荐一本书:《十二岁的旅程》(美)赖清河 著

十二岁的女孩米娅机灵古怪,在美国出生、长大的她从没到过自己的故乡。暑假,她本打算在美丽的海滩上和朋友一起欢聚,却不得不遵从爸爸妈妈的意见,陪奶奶飞越几千公里,回到爸妈口中的故乡去寻找一个隐藏了多年的关于爷爷的秘密。面对故乡半生不熟的语言、迥异的文化习惯和行事诡秘的大人,米娅焦头烂额,哭笑不得,然而她只能依靠自己。终于,调查有了进展,一切线索都指向一封带不走的信。等待米娅的是一段令人震惊的往事……

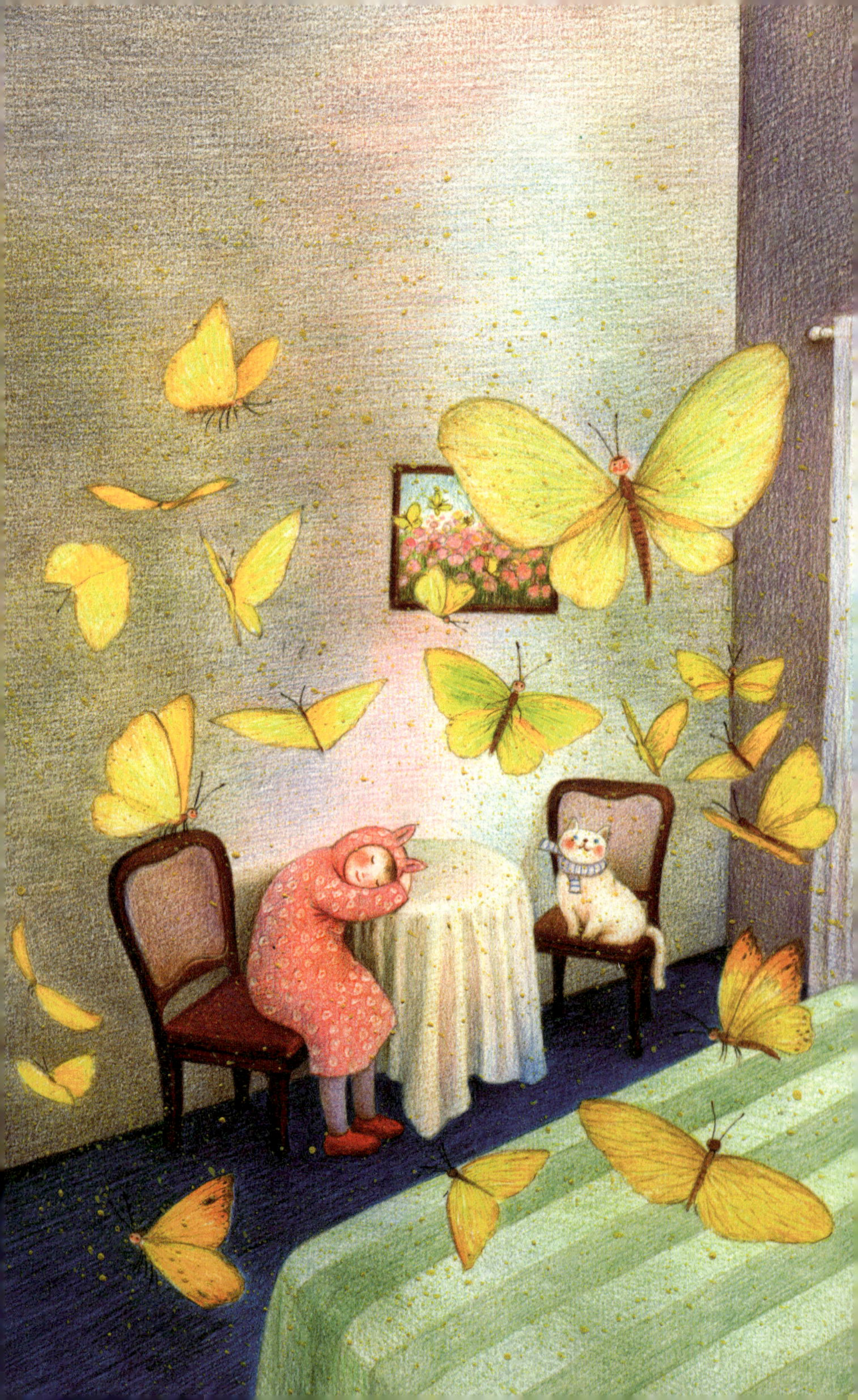

第十封信
The tenth letter

梦想

梦想"+"

进一寸有一寸的欢喜。

亲爱的窦校长：

　　您好，我已经在附小生活了五年。在这五年里，我读了很多书，心中也有了一个文学梦。我希望，我能成为一个伟大的作家。

　　在班级的小书架上，我从《嘉莉妹妹》读到了《巴黎圣母院》，领略了世界文学经典的魅力；又从《双城记》读到了格非的小说，看到了一个个来自不同时代的讽刺，我在书海中遨游、畅想。在读了很多书后，我的写作虽然有了一定的提高，但仍不能确保每次都写出优秀的文章，我不禁有点怀疑我能实现我的梦想吗？亲爱的窦校长，您能帮帮我吗？

　　此致
敬礼！

您的学生：苏若琪

亲爱的同学：

  我想拍拍苏若琪的头，告诉她"梦想"总是遥不可及，但仍然需要我们不离不弃。就像胡适说的："怕什么真理无穷，进一寸有一寸的欢喜。"梦想亦然，进一寸有一寸的欢喜。

  梦想现在是个高频词，被不同的人挂在嘴边，随时都能脱口而出，似乎变得很廉价，但在窦老师这里，这个词仍然有沉甸甸的分量。

  我的一生其实是在这个词的引领下一步步前行的。依稀记得小时候，在冬日的炉火边，我的姥爷说：这丫头，长大了能做一名很好的老师！姥爷的这句话就像一颗种子在我的心中发了芽。怀揣这份梦想，我从山里走到了山外，从小山村走到了师范学校，从家乡走到了北京，而今来到你们面前。虽然大家都称我校长,但我更愿意被称为窦老师,因为做一名永远不离开课堂的教师,是我永远的激情与梦想。

但梦想的实现从来不是一蹴而就的,窦老师的梦想也伴随着一路艰辛。窦老师并不是靠着对梦想的想象走到今天的,做老师至今,我一直坚持学习,了解孩子的心理特点,认真钻研教材,研读教育名家的专著,精心备好每节课,每天都战战兢兢,以敬畏之心看待孩子的成长,看待教育。正是在这样的认真和坚持中,我才能离"成为好老师"的梦想越来越近。

因此,亲爱的同学,你要知道"梦想"不是一个静态的词语,静静地伫立在未来的某个时间点,等着你漫不经心地造访,它是个动态的过程,这个词后面有个"+",你添加了什么,才能决定梦想真正的模样。

梦想的前提是你要认清前行的方向,世界上最重要的事,不在于我们在何处,而在于我们朝什么方向走。看过一个关于杨振宁的趣事,1946 年,杨振宁先生在芝加哥大学读研,那时研究生都很穷,有一次他在报纸上看到一则填写纵横字谜的广告,最高可以拿到 5 万美元奖金。当时参加比赛的多是家庭主妇,他想自己总比家庭主妇强,于是就和几个同学报了名。果然,两个月后主办单位来信,祝贺他们得到了最高分,但还有一组人跟他们的分数一样,所以要再填一个难度更大的字谜一决胜负。

于是他们开始分工合作,杨先生的任务是把韦伯大字典里所有五个字母的单词都列出来。为此,他到图书馆通宵查字典,到早上五六点钟的时候,实在累得不行,想回去睡一觉。从图书馆出来的时候,看到地上有份《纽约时报》,大标题写着日本人"汤川秀树获得今年的诺贝尔物理学奖",他一下子猛然惊醒,责问自己:"杨振宁啊杨振宁,你究竟在做什么?你怎么这样没有出息?!"此后杨振宁心无旁骛,一直专注于科学研究,最终获得诺贝尔物理奖,成为20世纪最伟大的物理学家之一。

这个故事很有意思,很生活化。现在如果在大街上做个问卷调查,也许很多人都会说自己有着怎样怎样的梦想,但在现实中,他们也许把更多的时间用在玩抖音、看直播、刷美剧上,很少有人能从中惊醒,追问一下自己:×××啊×××,你究竟在做什么?自己所做的是否是自己心灵中的最强音?你要知

道，当你真心渴求某种事物的话，整个宇宙都会联合起来帮你完成，关键是我们要坚信自己渴求的方向，就像《牧羊少年奇幻之旅》中的牧羊少年，他知道牧羊能带来温饱，但他从来没有放弃寻找的方向，那是麦加的方向，梦想的方向。

梦想不仅需要方向，还需要添加行动和自律。《牧羊少年奇幻之旅》中，牧羊少年圣地亚哥两次梦见金字塔附近有宝藏，为此心怀触动，神秘的撒冷王得知他的梦，并告知他应该努力追寻自己的梦想，于是少年放弃了羊群，开始了自己的寻梦之旅。牧羊少年先后被小偷掠走钱财，被军队所掳、险遭杀戮，被沙漠所困，再次被难民夺去金子、遭受寻梦讥笑……圣地亚哥虽历经艰难险阻，但没有因此而放弃梦想，依旧选择沉着冷静、机智勇敢地克服困境，终于找到了宝藏。

初读这本书时，窦老师觉得这只是一本给孩子读的励志书，通过循循善诱、生动有趣的故事讲一个关于梦想的道理，读时有所获，但回味不足，后劲不足。但随着阅读的深入，却发现这本书越读越耐读。耐读的原因是书中把牧羊少年可能遇到的各种诱惑和阻挠写得那么自然，那么理所应当。少年在任何一个时间点停止追寻都值得被理解、被原谅。其实，细细品味，这就是真实人生的寓言，在我们日复一日的琐碎生活中，梦想往往被搁置一旁，行动永远遥遥无期，而且人们还会有各种借口让自己心安理得。虽然种种安逸的选择无法非议，但行动派的魄力和勇气永远值得敬仰，只有他们才有资格谈论梦想。

可能有人会说，这个故事有讽刺意味，因为牧羊少年苦苦追寻的宝藏就在起点的教堂，牧羊少年最终又回到人生的原点，这样的追寻又有什么意义呢？其实，对于圣地亚哥而言，这一整段人生经历的价值，远远胜过宝藏本身。或者说，对我们而言，真正的宝藏正是我们追梦的过程。在人对自我认知的探寻和对自我价值实现的终极追问上，唯有"梦想与意志"结合才是真正的试金石。窦老师希望你为了自己的梦想，坚持不懈地奔跑，并在奔跑中培养顽强的意志和从容的品格。恰恰是这种奔跑以及实现梦想的可能性，才使生活变得有趣。

在窦老师身边，也有很多这样的逐梦人，很平凡，但决不平庸。

在清华附小"水木秀场"展示的舞台上，温和腼腆的她大方地向同学们介绍自己的习字心得……而后那一个月，在通向学校博雅楼的走廊上，展示了她的书法作品。每每路过的大人、小孩，都禁不住啧啧称赞。经历这些后的每一天，她依然如常，依然那样平静、淡定，快乐地上学、读书、写字。如同以往一样，静静地、悄悄地，在六年岁月的每一天，让书法陪伴。

闲暇时，她用练习书法，磨练自己的性情，涵养自己的气质，感受中华文化的精髓。甚至，她用练习书法的方式，消解对爸爸的思念。她的作品获世界书画金奖，她的字，已经成为咱们清华附小赠送友人的纪念品之一。可能未来她会成为书法家，也许还会获大奖出名。但，我所欣赏的不是这个，而是她生命中，有一种属于自己习惯的"梦想"陪伴，相信她即便到了中学，甚至大学，学业压力再大，她也会伴随、追随"书法"一生。

她的名字叫冯舒婷。亲爱的同学，我希望你像这位小姑娘一样把自己的梦想当作你一生的追求，哪怕失败，哪怕颗粒无收，但因为你有过爱好，有过追求，有过梦想，并为此努力过，你的一生就不会碌碌无为、苍白无力。追梦的过程必须基于琐碎平常的现实生活中，必须建立在无数勤勤恳恳乃至锱铢必较的努力之上。空想与狂想是令人厌恶的。如果这样去做，看上去你是芸芸众生的平常人，但，在关键时刻，你却能发出灿烂的人性光芒。而且，即便失败，你依然能够拥有坚持不懈地努力下去的精神。

在清华附小，有梦想的同学太多了，有梦想的老师也太多了，这里就说说李红延老师。李老师几年前就提出"朴素教育思想"，努力让儿童的生命一片绿色葱郁。在我眼里，她的朴素教育就是要培养"正常的人"，因此，她不追求一课成名，她在用教育的方式做教育。她深知基础教育的独特性，努力使每个学生全面发展学有所长，用积极心理学的方法关照那些有点特别的儿童个体。她用自己的知识经验延伸，给班主任老师开工作坊，对学校的特需学生进行咨询辅导等。她从不计较自己付出了多少，她只知道自己喜欢与教育的疑难杂症打交道，尽管有些时候付出巨大努力也不能马上见到效果，但她热爱、痴迷儿童心理学、家庭教育的研究，成为了不起的小学心理学教育实践专家……

现在社会上有个现象，就是职场里不舒服，要求高就跳槽。没有耐性和坚守已经是对这个时代职业人的基本评价。今天的小学老师不容易，社会变化太快，家长和你们的要求很高。我们这些"小学"老师尽管很努力，也很难满足所有需求。面对能力和能量的局限，有时候很困惑，有些问题不是教师或教育能解决的，我们的身心也正面临挑战，我们有时也会烦闷、胆怯、无助……所以，如果我们有做不到的地方、有错误的地方，请相信我们都是有缺点的好人，让岁月的网漏掉遗憾、留下美好。即便如此，仍然有无数位李老师这样长期坚守在教育一线，送走了一届又一届毕业生。他们没有逃避，耐得住寂寞，陪伴你们一个又一个春秋，因为这就是他们的梦想！

亲爱的同学，谈论梦想不一定要谈论成功，我不是让你成为杨振宁这样的人物，而是希望你，把追求与梦想当作你一生的主语！哪怕你一事无成，但因为你梦想过，努力过，你就不是碌碌无为的一生。周星驰电影中的一句台词很有趣：没有梦想，人与咸鱼有何区别呢？也许你还会说，我有梦想，可离我好远，我只要做好当下即可。其实两者并不矛盾，现实是你梦想依靠的大树。人作为一种精神动物，永远都有超越生命本身的需要。人不可能一直生活在封闭的、日常不变的生活中，人也不可遏制地要在日常生活中寻求超越之道。拥有梦想，天经地义，就像每一个人天生就爱自己母亲一样，是我们的本能。

梦想就是这样神奇，就像威尔逊说的："我们因梦想而伟大，所有的成功者都是大梦想家：在冬夜的火堆旁，在阴天的雨雾中，梦想着未来。有些人让梦想悄然绝灭，有些人则细心培育、维护，直到它安然度过困境，迎来光明和希望，而光明和希望总是降临在那些真心相信梦想一定会成真的人身上。"

所以，孩子们，苏若琪们，不要做梦想家，去做梦想"+"吧！

你的大朋友：窦桂梅

2018年10月1日，北京

第十封信 梦想

亲爱的窦校长：

您好！

您写给我的信我反复读了很多次，"梦想"是您信中的高频词。就让我在此致未来，畅想一下我个人的吧！

想象一下10年之后的我吧，我考上了清华大学美术系，但我仍然那么怀念金灿灿的小学时光，我又是多么想再次回到11岁，再一次回到那美丽的清华附小啊！我正翻阅着小学的毕业报告书，泛黄的书页使我的泪从眼眶中一滴一滴地落在纸上，可是那些欢快的笑声与熟悉的脸庞却已经成为我脑中的回忆……

就这样，一日复一日，一年复一年。时间从指间慢慢地流过，17年过去了，我成了一名清华附小的美术老师。那是因为二年级时学校给我创办了水木秀场画展，在四年级时附小为我的画作印制了一本画册，点燃了我对美术的热爱，在我的心中种下了艺术的种子。在17年后的2035年，AI人工智能穿梭进了世界各个角落，我所站的地方不再是讲台，而是一款可以随时腾空而起俯看所有同学画作的机器；架在鼻梁上的，也不再是普普通通的眼镜，而变成了一副能看清对方心里在想什么的神秘物品，所有的一切变得越来越先进了……就比如今天我要教四年级同学画鲸鱼，我按下TD按钮教室就会突然腾起一条硕大而美丽的鲸鱼，同学们可以触摸它，感受它光滑的皮肤，就仿佛置身于蓝色而幽秘的大海之中。这样同学们就可以不光看到样子，也能嗅到扑鼻而来的海的味道。同学们下一节课要画雕塑，我就会在上课前与雕塑大师联系，上课时同学们可以现场与大师交流，打破空间界限，让每个同学都能拥有自己的个性，自己的创造，而不是千篇一律，千人一面，把学习变得轻松而有趣。

清华附小——梦想启程的地方！我会记住你，怀念你……

此致

敬礼！

您的学生：袁润茗

第十封信 梦想

推荐一本书：《海鸥乔纳森》（美）理查德·巴赫　著

　　这本书讲述了一只名叫乔纳森的海鸥，他喜欢速度，热爱飞翔。他不甘心只能低头觅食，屈服于只会低飞的命运。于是，他有了自己那充满热情的梦想——自由自在地翱翔。而他的梦想在家族人眼中却是个可耻的笑话，他也因此被家族人驱逐了。但是他承受住了暴风骤雨的洗礼，依然苦练飞翔，最终穿越时空，到达天堂，实现了他渴望成真的梦想。他在天堂接着练习，同时学会了用心与同伴交流；在静默中，乔纳森对爱和生命有了自己的理解，决定返回鸥群，帮助和自己一样的"异类"……

附录一　清华附小推荐必读书目

◆一年级上学期必读书目◆

书名	作者	出版社
文学（3本）		
《蝴蝶·豌豆花》	金波、蔡皋/主编	河北教育出版社
《一园青菜成了精》	周翔/绘	明天出版社
《笨狼的故事》	汤素兰/著	浙江少年儿童出版社
科学与数学（2本）		
《第一次发现丛书·濒临危机的动物》	法国伽利玛少儿出版社编，王文静/译，（法）雨果/图	接力出版社
《神奇校车·在人体中游览》	（美）乔安娜·柯尔/著，（美）布鲁斯·迪根/图	贵州人民出版社
人文与艺术（2本）		
《幼学启蒙第一辑·中国古代神话·〈盘古开天地〉》	杨亚明/著，岳海波/图	新世界出版社
《日有所诵》（小学一年级）	薛瑞萍、徐冬梅、邱凤莲/主编	广西师范大学出版社

◆一年级下学期必读书目◆

书名	作者	出版社
文学（3本）		
《野葡萄》	葛翠琳/著	南方出版社
《小猪唏哩呼噜》	孙幼军/著	春风文艺出版社
《我有友情要出租》	（中国台湾）方素珍/著，（中国台湾）郝洛玟/图	新疆青少年出版社
科学与数学（2本）		
《我的野生动物朋友》	（法）蒂皮·德格雷/著，黄天源/译	云南教育出版社
《蚯蚓的日记》	（美）朵琳·克罗宁/著，陈宏淑/译，（美）哈利·布里斯/图	明天出版社
人文与艺术（2本）		
《千字文》	（南北朝）周兴嗣/著，李逸安/译注	中华书局
《幼学启蒙第一辑·中国古代民俗故事·〈年除夕的故事〉》	恒展/著，冢珉/图	新世界出版社

◆二年级上学期必读书目◆

书名	作者	出版社
文学（5本）		
《三毛流浪记》（全集）	张乐平/著	少年儿童出版社
《小鲤鱼跳龙门》	金近/著	人民教育出版社
《小狗的小房子》	孙幼军/著	北京教育出版社
《聪明的狐狸》	（捷克）约瑟夫·拉达/著，韦苇/译	广西师范大学出版社
《没头脑和不高兴》	任溶溶/著	浙江少年儿童出版社

书名	作者	出版社
科学与数学（3本）		
《鼹鼠博士的地震探险》	（日）松冈达英/著，蒲蒲兰/译	二十一世纪出版社
《小牛顿科学馆·恐龙大追踪》	（中国台湾）牛顿出版公司/编著	贵州教育出版社
《你好！世界》系列	（瑞典）安娜·菲斯克/著，李菁菁/译	广西科学技术出版社
人文与艺术（2本）		
《有故事的汉字》	邱昭瑜/编著	青岛出版社
《三字经》	（南宋）王应麟/著，崔海飞/编	二十一世纪出版社

◆ 二年级下学期必读书目 ◆

书名	作者	出版社
文学（3本）		
《当世界年纪还小的时候》	（德）于尔克·舒比克/著，（德）罗特劳特·苏珊娜·贝尔纳/图，廖云海/译	四川少年儿童出版社
《小鱼散步》	陈致元/著/图	明天出版社
《神笔马良》	洪汛涛/著	长江少年儿童出版社
科学与数学（2本）		
《动物王国大探秘·听海洋生物讲故事》	（英）茉莉亚·布鲁斯/著，王艳娟/译，（英）兰·杰克逊/图	上海文化出版社
《自然图鉴·我们的花草朋友》	（日）松冈达英/编，（日）下田智美/著/图，黄帆/译	贵州人民出版社
人文与艺术（3本）		
《笠翁对韵》	（清）李渔/著	中国文史出版社
《中国古代神话》	亲近母语研究院/编著	广西师范大学出版社
《哲学鸟飞罗》系列	（法）碧姬·拉贝/著，（法）埃里克·加斯特/图，王恬/译	接力出版社

◆ 三年级上学期必读书目 ◆

书名	作者	出版社
文学（3本）		
《鼹鼠的月亮河》	王一梅/著	新蕾出版社
《绿野仙踪》	（美）莱曼·弗兰克·鲍姆/著，陈伯吹/译	广西师范大学出版社
《亲爱的汉修先生》	（美）贝芙莉·克莱瑞/著，柯倩华/译	新蕾出版社
科学与数学（3本）		
《奇妙的数王国》	李毓佩/著	中国少年儿童出版社
《我的第一本科学漫画书·热带森林历险记（一）》	（韩）洪在彻/著，苟振红/译，（韩）李泰虎/图	二十一世纪出版社
《游戏中的科学》	（德）汉斯·尤尔根·普雷斯/著，王泰智、沈惠珠/译	山西人民出版社
人文与艺术（3本）		
《中国老故事·各族故事》	亲近母语研究院/编著	广西师范大学出版社
《希腊神话故事》	（德）施瓦布(Schwab,G.)/著，高中甫/译	吉林美术出版社
《我们，我们的历史》	（法）克里斯多夫·伊拉索梅尔/著，（法）伊万·波莫/绘	光明日报出版社

◆ 三年级下学期必读书目 ◆

书名	作者	出版社
文学（3本）		
《小鹿班比》	（奥）费利克斯·萨尔登/著，邹绛/译	广西师范大学出版社
《宝葫芦的秘密》	张天翼/著	安徽教育出版社
《小淘气尼古拉·小尼古拉》	（法）勒内·戈西尼/著，戴捷、梅思繁/译，（法）桑贝/图	中国少年儿童出版社

书名	作者	出版社
科学与数学（3本）		
《太阳的诗篇——〈森林报〉故事精选》	（苏联）维塔里·瓦连季诺维奇·比安基/著，韦苇/译	广西师范大学出版社
《生命的故事》	（美）维吉尼亚·李·伯顿著/图，刘宇清/译	二十一世纪出版社
《数学就是这么简单》	（英）史蒂夫·魏·弗雷西亚·罗/著，曾候花/译，（英）马克·毕驰/图	贵州教育出版社
人文与艺术（4本）		
《写给儿童的中国地理》	陈卫平/著	新世纪出版社
《中国节气：时间编织的二十四道锦笺》	肖复兴/著，林帝浣/图	广东教育出版社
《成语故事》	李新武/编	人民文学出版社
《中国古代寓言故事》	官利勤/编	人民邮电出版社

◆ 四年级上学期必读书目 ◆

书名	作者	出版社
文学（3本）		
《长袜子皮皮》	（瑞典）林格伦/著，李之义/译	中国少年儿童出版社
《我的妈妈是精灵》	陈丹燕/著	上海文艺出版社
《夏洛的网》	（美）E·B·怀特/著，任溶溶/译	上海译文出版社
科学与数学（3本）		
《昆虫记》（美绘版）	（法）法布尔/著，王光选/译	中国少年儿童出版社
《让孩子着迷的77×2个经典科学游戏》	（日）后藤道夫/著，施雯黛、王蕴洁/译	南海出版公司

书名	作者	出版社
《可怕的科学：要命的数学》	（英）波斯基特/著，张习义/译，（英）瑞弗、（英）邓顿/图	北京少年儿童出版社
人文与艺术（4本）		
《北京的春节》	老舍/文，于大武/图	连环画出版社
《写给孩子的哲学启蒙书》（第一辑）	（法）碧姬·拉贝、（法）米歇尔·毕奇、（法）P.-F.杜邦-伯里耶/著，潘林、刘岩、王川娅/译，雅克·阿扎姆/图	广西师范大学出版社
《与古诗交朋友》	田师善/编注，叶嘉莹校订/吟诵	广西师范大学出版社
《山海经》	徐客/编著	现代出版社

◆ 四年级下学期必读书目 ◆

书名	作者	出版社
文学（3本）		
《爱丽丝漫游奇境记》	（英）卡罗尔/著，王永年/译	广西师范大学出版社
《稻草人》	叶圣陶/著	商务印书馆
《小坡的生日》	老舍/著	海豚出版社
科学与数学（5本）		
《十万个为什么》	（苏联）伊林/著	世界图书出版公司
《爷爷的爷爷哪里来》	贾兰坡/著	人民邮电出版社
《小学生最爱玩的380个思维游戏》	邓代玉、刘青/主编	广西科学技术出版社
《101个神奇的实验·101个水的实验》	（德）安提亚·赛安、艾克·冯格/著，谢霜/译，（德）夏洛特·瓦格勒/图	长江少年儿童出版社

书名	作者	出版社
《数字的秘密生活：最有趣的50个数学故事》	（瑞士）乔治·G·斯皮罗/著，郭婷玮/译	上海科技教育出版社
人文与艺术（4本）		
《老子说》《庄子说》	蔡志忠/著	广州出版社
《中国节》（美绘版）	贺绍俊、吉国秀/著，贾晓曦/图	中国少年儿童出版社
《儿童古典音乐绘本·蒂尔的恶作剧》	（奥）希姆萨 等/著，潘斯 译，（奥）埃辛伯格 等/图	北京科学技术出版社
《地球的故事》	（美）房龙/著，白马/译	商务印书馆

◆ 五年级上学期必读书目 ◆

书名	作者	出版社
文学（3本）		
《草房子》	曹文轩/著	江苏少年儿童出版社
《柳林风声》	（英）肯尼思·格雷厄姆/著，杨静远/译	广西师范大学出版社
《哈利·波特与魔法石》	（英）罗琳/著，苏农/译	人民文学出版社
科学与数学（3本）		
《海底两万里》	（法）儒勒·凡尔纳/著，赵克菲/译	人民文学出版社
《物种起源》	苗德岁/著，郭警/图	接力出版社
《启发每个人思维的数学小书》	（美）莉莉安·李伯/著，朱灿/译，（美）休·李伯/图	江苏文艺出版社
人文与艺术（3本）		
《书的故事》	（苏联）伊林/著，胡愈之/译	二十一世纪出版社

书名	作者	出版社
《少年音乐和美术故事》	丰子恺/著	二十一世纪出版社
《我们的母亲叫中国》	苏叔阳/著	长江少年儿童出版社

◆ 五年级下学期必读书目 ◆

书名	作者	出版社
文学（3本）		
《城南旧事》	林海音/著	中国青年出版社
《小王子》	（法）安东尼·德·圣艾克修佩利/著，程玮/译	广西师范大学出版社
《蓝色的海豚岛》	（美）奥台尔/著，傅定邦/译	新蕾出版社
科学与数学（3本）		
《安德的游戏》	（美）奥森·斯科特·卡德/著，李毅/译	浙江文艺出版社
《偷脑的贼》	潘家铮/著	湖北科学技术出版社
《数学维生素》	（韩）朴京美/著，姜镕哲/译	中信出版社
人文与艺术（3本）		
《林汉达中国历史故事集》	林汉达/著	中国少年儿童出版社
《孔子的故事》	李长之/著	二十一世纪出版社
《诸神的踪迹》	申赋渔/著	新星出版社

◆六年级上学期必读书目◆

书名	作者	出版社
文学（4本）		
《驯鹿六季》	格日勒其木格·黑鹤/著	明天出版社
《西游记》	吴承恩/著	广西师范大学出版社
《毛毛》	（德）米切尔·恩德/著，杨武能/译	二十一世纪出版社
《西顿动物故事》	（加）E·T·西顿/著，蒲隆等/译	广西师范大学出版社
科学与数学（3本）		
《叶永烈讲述科学家故事100个》	叶永烈/著	长江少年儿童出版社
《可怕的科学·科学新知系列·超级建筑》	（英）迈克尔·考克斯/著，（英）迈克·菲利普斯/图，徐风/译	北京少年儿童出版社
《可怕的科学·经典数学系列·逃不出的怪圈——圆和其他图形》	（英）波斯基特/著，（英）瑞弗/图，王建国/译	北京少年儿童出版社
人文与艺术（3本）		
《诺贝尔奖获得者与儿童对话》	（德）贝蒂娜·施蒂克尔/编，阿克赛尔·哈克/序，张荣昌/译	生活·读书·新知三联书店
《希利尔讲世界史》	（美）希利尔/著，陈继华、刘娟/译	贵州教育出版社
《图解诗经》	吴锋/编著	北京联合出版公司

◆六年级下学期必读书目◆

书名	作者	出版社
文学（4本）		
《三国演义》	罗贯中/著	广西师范大学出版社
《我与贾里贾梅》	秦文君/著	人民邮电出版社
《战马》	（英）迈克尔·莫波格/著，李晋/译	南海出版公司
《骑鹅旅行记》	（瑞典）拉格洛夫/著	人民邮电出版社
科学与数学（4本）		
《科学家工作大揭秘·古生物学家工作揭秘》	（英）斯皮尔伯利等/著，万颖慧/译	湖北美术出版社
《所罗门王的指环》	（奥）洛伦茨/著，刘志良/译	中信出版社
《数字——破解万物的钥匙》	（英）卡佳坦·波斯基特/著，张乐/译，（英）瑞弗/图	北京少年儿童出版社
《万物简史》（少儿彩绘版）	（英）比尔·布莱森/著，严维明/译	接力出版社
人文与艺术（3本）		
《史记故事》	司马迁/著，孙侃/编写	浙江少年儿童出版社
《我们的祖先》	朱洗/著	新星出版社
《希利尔讲艺术史》	（美）希利尔/著，李爽、朱玲/译	贵州教育出版社

附录二　家长的话

  我们太感谢附小，感谢窦校长了，嘉华在附小六年，我们和孩子一起成长。是窦校长的教育思想，让我们认识到了孩子成长的规律，"适才扬性"，学校始终支持嘉华在他喜爱的昆虫领域充满兴趣地研究。这在当今这个焦虑、浮躁的教育大环境中，附小这样的学校是多么纯粹。"一个满世界捉虫的男孩"长成了今天的优秀模样，需要无数次回望曾滋养过他的花园、田园——永远的附小。

——李嘉华家长

当收到窦校长书稿时,我有些惊喜,读完序言开篇便欲罢不能,于是放下手头所有的事情,一口气读完了全书。鼠标落在最后的字节,内心的激动却无法停止,这十封书信,饱含的是怎样一份深沉而真挚的爱啊!从保护孩子最天然的童心,到启蒙成长中不可省却的训练,直至展翅高飞所需要的独立与梦想的追求,窦校为孩子们一一答疑解惑,在未来道路上点亮了明灯。没有大道理,没有大口号,全是孩子能读懂的语言,都是窦校自己的人生体悟。书信里的许多故事,例如大山里的童年趣事、公开课的争取与筹备等,我这个成年人也被深深触动。是啊,每个人都在走一条属于自己的唯一的生命求索之路,然而真、善、美永远都是人类发展中弥足珍贵的东西,吸引着我们不懈地追求与坚守。我很庆幸自己的孩子在这样一位杰出校长的呵护下度过了人生中重要的启蒙阶段;在面对世界之初就懂得做人应当立足于此,立志于此,实乃孩子之大幸。我也期待孩子在未来成长之路上,真的能够如窦校长在序言中所言:向真而行,向善而行,向美而行!感恩并共勉。

——赵嘉君家长

时至今日，每每想起附小，每次从附小门前经过，总有一种莫名的感动，感念美丽的附小，感谢窦校长的教育思想，让我们领悟了阅读对孩子人生成长的重要。还记得入学第一课，窦校长给我们分享《石头汤》，意味深长，毕业典礼上窦校长送给孩子们三句话，句句箴言。知远在附小学习的六年，书香陪伴，阅读了许多经典，这为他打开了知识的大门，获取了精神力量，附小是他通向未来科学圣殿的摇篮，是孩子心中永远的精神家园。

——赵知远家长

清华附小的舞蹈团不是选拔性的社团，它打开怀抱拥抱每一个爱跳舞的孩子，我的女儿门鹭彤就是其中一个。从排列厅的一根把杆开始，每一次练习，每一次流汗、流泪，到每一次绽放，是她逐步发现自我，走向刚毅坚卓的过程。从心底感谢清华附小！

——门鹭彤家长

我在窦校长的书里看到这样一句话:"一个孩子向最初的地方走去,那最初的,便成了孩子生命的一部分。"附小就是云琦开始追梦的地方,老师们在孩子心中种下了一粒粒种子,爱学习、爱运动、爱艺术、爱科技的少年在这里茁壮成长。在附小的六年,常常让我们全家一起津津有味地回味,云琦常说自己拥有最快乐的小学时光,尝试了各种体育运动,参加了很多社团活动,寻找到自己愿意为之付出努力的科技创新方向,回想起来都是甜甜的味道。与附小和窦校长的遇见,我们是何其幸运。

——赵云琦家长

图书在版编目（CIP）数据

窦桂梅：写给亲爱的同学 / 窦桂梅著. -- 武汉：长江文艺出版社，2019.4
（大教育书系）
ISBN 978-7-5702-0740-4

Ⅰ.①窦… Ⅱ.①窦… Ⅲ.①品德教育－小学－课外读物 Ⅳ.①G624.153

中国版本图书馆 CIP 数据核字(2018)第 275006 号

责任编辑：秦文苑　施柳柳	责任校对：毛　娟	
封面设计：天行云翼·宋晓亮	责任印制：邱　莉　王光兴	

出版：长江出版传媒｜长江文艺出版社

地址：武汉市雄楚大街 268 号　　邮编：430070
发行：长江文艺出版社
http://www.cjlap.com
印刷：武汉市金港彩印有限公司

开本：880 毫米×1230 毫米　　1/32　　印张：6.25
版次：2019 年 4 月第 1 版　　2019 年 4 月第 1 次印刷
字数：86 千字

定价：39.80 元

版权所有，盗版必究（举报电话：027—87679308　87679310）
（图书出现印装问题，本社负责调换）